Kehrt um zu mir von ganzem Herzen

Angelika Daiker (Hrsg.)

Kehrt um zu mir von ganzem Herzen

Gottesdienste für alle Tage in der Fastenzeit

Schwabenverlag

Umschlaggestaltung: Ronald Parusel, Mössingen
Umschlagmotiv: Paul Gauguin, Der gelbe Christus
Satz: Schwabenverlag AG, Ostfildern
Herstellung: Süddeutsche Verlagsgesellschaft, Ulm
Printed in Germany

ISBN 3-7966-0882-5

Inhalt

Vorwort

Die Christen kennen schon früh eine vierzigtägige Vorbereitungszeit auf Ostern. Man wollte damit Jesus nachahmen, der nach seiner Taufe im Jordan 40 Tage fastete. Die Kirchenväter sahen darin auch einen Hinweis auf die 40 Tage, die Mose auf dem Sinai und der Prophet Elija auf dem Weg zum Berg Horeb fasteten, ebenso auf die 40 Jahre der Wüstenwanderung Israels.

Für alle Tage in der Fastenzeit von Aschermittwoch bis zum Mittwoch der Karwoche, einschließlich der Sonntage, bietet das vorliegende Buch Gottesdienstvorschläge an. Es will helfen, diese liturgisch so bedeutsame Zeit Tag für Tag bewußt zu gestalten. Über jedem Tag steht ein Thema, das im Bußelement, in der Predigt und in einem Gebet bzw. in den Fürbitten entfaltet wird. Grundlegend ist jeweils einer der beiden Schrifttexte des Tages.

Die Sonntage folgen einem eigenen Schema. Ihnen ist jeweils ein Lied der österlichen Bußzeit als Leitthema vorangestellt. Einführung, Predigt und Gebet umkreisen den Inhalt der Lieder, geben Informationen zur Entstehung und stellen Querverbindungen her. Elemente daraus lassen sich auch in Werktagsgottesdiensten einsetzen und bieten Bausteine für Betrachtungen bei verschiedenen Anlässen. So können einzelne Lieder zu Begleitern in der Fastenzeit werden.

19 Autorinnen und Autoren haben Erfahrungen aus ihrer Gemeindearbeit und als Seelsorgerinnen und Seelsorger in diese Texte miteingebracht.

»Kehrt um zu mir von ganzem Herzen« – mit diesem Titel ist die Hoffnung verbunden, daß die Vorbereitung auf Ostern uns mit ganzem Herzen und nicht nur in äußerlichen Vorsätzen und Bemühungen ergreift.

Mit dem Leiden, Sterben und Auferstehen Jesu Christi ist uns neues Leben zugesagt. Dieses neue Leben braucht eine Vorbereitung, die uns in seiner Tiefe erfaßt und auch schmerzliche Umkehr nicht scheut.

»Kehrt um zu mir von ganzem Herzen mit Fasten, Weinen und Klagen. Zerreißt eure Herzen, nicht eure Kleider, und kehrt um zum Herrn, eurem Gott« (Joël 2,12).
Das vorliegende Buch will unsere Schritte der Umkehr begleiten, damit wir befreit in den österlichen Halleluja-Ruf einstimmen können.

Stuttgart, im Januar 1997 *Angelika Daiker*

»Fastenzeit«?

Einige biblische Gedanken

Zu Beginn der Liturgiereform tauchte hier und dort – auch in liturgischen Büchern – für die »Fastenzeit« die Bezeichnung »österliche Bußzeit« auf, um dann sang- und klanglos wieder zu verschwinden. Mir hat das leid getan, zeigte dieser Vorgang doch, daß »Buße« für die feiernde Gemeinde kein Begriff war (ist?), mit dem man 40 Tage lang auf dem Weg sein kann zur Hoch-Zeit der österlichen Freude, um in ihr die eigentliche Berufung der Kirche und des eigenen Christ-Seins zu erfahren. Immerhin hat die Verkündigung – in Predigt und Katechese – damals einen bleibenden Anstoß erhalten, im Wort Gottes das Wesen der Buße wieder neu zu entdecken und diesem Wort den Charakter von Drohung und Forderung zu nehmen.

Es ist deshalb gut, in den Gottesdiensten der »Fastenzeit« diese wesentliche Erneuerung – ob die Bezeichnung nun so oder so lautet – erfahrbar zu machen. Dazu bietet sich als Leitwort ein Text aus dem Propheten Joël an (2,12): »Kehrt um zu mir von ganzem Herzen« – Spruch des Herrn.

Vorsichtig aus dem Zusammenhang des Joëlbuchs herausgeschnitten, kann dieses kurze Bibelwort – bei allem Ernst – Hoffnung und Freude wecken: »Umkehren« bedeutet kein ehrgeiziges Streben nach einem vorgeschriebenen Ziel, sondern will (wie es der Zusammenhang in der hebräischen Bibel deutlich zeigt) die Heim-Kehr einleiten zum Ursprung aller Freude, zum Gott des Bundes, der Erwählung und Rettung. Im Kontext des christlichen Gottesdienstes ist damit bereits das Ostermotiv angeschlagen. Und das ist vom Wesen christlicher Liturgie her in der »Fastenzeit« richtig und wichtig.

Allerdings macht uns das Umfeld dieses Wortes in der Bußpredigt des Propheten Joël zu schaffen, wenn wir uns in die biblischen Zusammenhänge hineinwagen. Nicht von ungefähr kommt dieser Prophet in den Sonntagslesungen gar nicht zu Wort! Seine Drohungen sind doch – so sagen wir – durch die rettende Liebe Gottes überholt, überboten. In der Christusbotschaft wurde ihnen der Stachel genommen. Die Lektüre des ganzen

Buches jedoch zeigt: Die Wendung zum Heil ist auch hier schon das eigentliche Thema. Dennoch bleiben noch viele erschrockene Fragen. Und das bloße Weglassen der Schreckens-Drohungen in Verkündigung und Predigt ist zwar bequem, überläßt aber das Feld den phantastischen Deutungen fundamentalistischer Gruppen.

Deshalb wage ich es nun, auch das weitere Umfeld unseres Leitwortes noch in die Deutung einzubeziehen. So zuerst das ganze zweite Kapitel mit dem Aufruf zu einem Bußgottesdienst auf dem Zion, zu dessen Bekräftigung im Bild einer Heuschreckenplage apokalyptische Töne angeschlagen werden. Das alles wird wie in einem modernen Film als Bericht einer unabwendbaren Katastrophe geschildert, als »Tag des Herrn«, an dem Gott mit seinem abtrünnigen Volk abrechne. »Wer kann diesen schrecklichen Tag ertragen?«

Auf dem Höhepunkt dieser Schilderung leuchtet plötzlich eine Hoffnung auf: »Auch jetzt noch – Spruch des Herrn –:Kehrt um zu mir von ganzem Herzen mit Fasten, Weinen und Klagen.« Das drängende »auch jetzt noch« sollte nicht überhört werden. Aber dann redet der Prophet von der Barmherzigkeit Gottes und daß auch ER – vielleicht! – umkehrt und statt des Unheils Segen zurückläßt.

Es ist deutlich, daß diese Wende nicht durch das »Fasten, Weinen und Klagen« herbeigeführt wird, als ob ein solcher Bußgottesdienst einen »Beschluß« Gottes umwerfen könnte. Der – vor Erschaffung der Welt feststehende – Beschluß ihres Schöpfers ist, »alles Fleisch« (Kap 3,1) durch Seinen Geist teilhaben zu lassen an Seiner Herrlichkeit. Wo die Menschen diesen Beschluß ignorieren, da bricht Unheil herein, so wie ein defekter Reaktor Unheil bringt über seine ganze Umgebung.

Da nennt der Prophet die einzige Möglichkeit zur Rettung: »Kehrt um zu MIR von ganzem Herzen.« Also nur eine Hinkehr und Heimkehr zu Gott selbst in einer neuen Beziehung des Menschen zu IHM, nicht irgendeine »Besserung«, sei sie moralisch oder religiös oder politisch oder sozial, kann die Welt davor bewahren, ihr Ziel zu verfehlen. Diese im eigenen Herzen vom Menschen vollzogene Wende meint das biblische Wort »Buße«. Nicht nur Verzicht auf Genuß, auch nicht nur Abkehr

von Sünde, sondern die Heimkehr zum Schöpfer im neuen Hören auf Sein ewiges Wort ist das Thema der ganzen »Fastenzeit«. Da bedeuten »Weinen, Fasten und Klagen« einen Aus-Druck der inneren Erschütterung, die den Menschen angesichts der Notlage des Gottesvolks, ja der ganzen Erde ergreift. Denn in diesem Aus-Druck werden wir wieder offen für das Wort, mit dem sich Gott selbst als der Liebende und Barmherzige »auch jetzt noch« dem Herzen des IHN Suchenden einprägen will.
In dieser neuen Hinkehr zu Gott sorgt sich Seine Gemeinde nicht mehr so sehr um ihr eigenes Heil oder das der einzelnen Gläubigen als vielmehr um Gott selbst, um das Zeugnis und die Ehre Seiner Gegenwart inmitten der Welt. Am Schluß unseres Kapitels 2 nennt sich die Bußgemeinde einfach »DEIN Volk, DEIN Erbe«, und ihre größte Sorge, ihr Schmerz ist es, wenn »bei den Völkern« gesagt wird: »Wo ist denn ihr Gott?«
Können wir Christen von heute damit etwas anfangen? Wenn wir bei der Frage bleiben, was »man tun muß«, um die Fastenzeit fruchtbringend zu feiern, dann werden wir uns mit der Antwort des Joël überfordert fühlen. Deshalb begleitet die Kirche uns auf dem Weg der Liturgie. Gerade in einer von Katastrophen bedrohten und erfüllten Zeit und bei einer immer geringeren Kenntnis der biblischen Zusammenhänge ist diese Begleitung durch bibelkundige und liturgiefreudige Christen und Christinnen unentbehrlich. Echte Umkehr zum Herrn bewegt die Welt von innen, von den Herzen her, durch Menschen, die, je in ihrer Sprache und Religion, den Herrn der Welt neu anrufen – »in Jerusalem«, d. h. überall dort, wo ER sich offenbart. Und wer ihn dort sucht, wird gerettet! (3,5)
Das vierte Kapitel ist dann wie der Nachhall eines sich verziehenden Gewitters. Die Heilsverheißung an das von Gott geliebte Volk ist stärker als alle Drohungen an die noch nicht Heimgekehrten. Wenn das Gottesvolk auf dem Weg bleibt, heim zu seinem Gott, in Fastenklage und Osterjubel und erfüllt vom Pfingstgeist (3,1), dann kann dieser Gott auch den anderen Menschen nicht verborgen bleiben, und sie alle, jedes Volk, kommen auf dem ihnen gewiesenen Weg nach »Jerusalem« und finden Rettung.

Sr. M. Benedikta Ströle OSB

Sonntage in der Fastenzeit

Wer unterm Schutz des Höchsten steht

Erster Fastensonntag

EINFÜHRUNG

Romano Guardini sprach gerne von der Vorsehung Gottes. Heute ist dieses Wort im christlichen Sprachgebrauch vergessen. Im Zusammenhang mit dem heutigen »Sonntagslied«, einer Nachdichtung des 91. Psalms, kommt es mir wieder in den Sinn.
Vorsehung Gottes meint, Gott steht im tiefen Einvernehmen mit seinem Geschöpf, dem Menschen. Darum soll der Mensch alles, was um ihn geschieht und ihm widerfährt, auf Gott hin bedenken und sehen. Gott ist nicht der erhabene Gesetzgeber, der auf die strikte Erfüllung seiner Gebote und Weisungen drängt. Jesus stellt uns in der Bergpredigt Gott als Vater vor, dessen einzige Sorge der Mensch ist. Er kennt jede Not. Kein Geschehen ist ihm unbekannt. Er weiß, was uns gut tut – auch dann, wenn wir uns gegen diese oder jene Widerfahrnis aufbäumen. Gottes Vorsehung ist weniger vorausschauend denn vorsehend auf den Menschen gerichtet.
Aus dem Wissen um Gottes Vorsehung wächst im Glaubenden eine Haltung, die wir Gelassenheit nennen.

PREDIGT

Die Psalmen gehören zur geistlichen Dichtung des Volkes Israel. So beispielhaft und anregend ist ihre Gestalt und ihr Gehalt, daß sie zum Ursprung einer von ihnen ausgehenden Poesie wurden. Nachdichtungen der Psalmen finden sich als »Psalmlieder« in den Gesangbüchern der Christenheit. Psalmen werden nicht nur in wörtlichen Übersetzungen, sondern auch in freien Übertragungen (Paraphrasen) gesungen.
Eines der bekanntesten und beliebtesten Psalmlieder im »Gotteslob« – »Wer unterm Schutz des Höchsten steht« – geht auf Psalm 91 zurück. Grundlage dieses Psalmliedes ist eine Bereimung von Caspar Ulenberg (1549–1614), Pfarrer in Kaiserswerth und Köln, der 1582 einen katholischen Psalter herausbrachte. Seine umfangreiche Übertragung mit acht Doppelstrophen wurde von der Gotteslob-Kommission 1972 überarbeitet und in

drei Strophen zusammengefaßt. Man war bemüht, mehr als bisher auf den Urtext des Psalms, aber auch auf das heutige Sprachempfinden einzugehen (Gotteslob 291).
Die freudig schwingende Melodie ist etwas älter als der ursprüngliche Text. Sie stammt aus dem ersten katholischen Gesangbuch der Reformationszeit, das der Dominikaner Michael Vehe 1537 in Leipzig drucken ließ.

Zuspruch zum Vertrauen

Psalm 91 hat seinen festen Ort in der Liturgie des Ersten Fastensonntags. Der Grund liegt auf der Hand: Dieser Psalm ist hineinverwoben in das Evangelium dieses Sonntags, in die Geschichte von der Versuchung Jesu. Der Versucher zitiert in der Auseinandersetzung mit Jesus zwei Verse dieses Psalms: »Seinen Engeln befiehlt er, dich auf ihren Händen zu tragen, damit dein Fuß nicht an einen Stein stößt« (Ps 91,11–12 in Mt 4,6 und Lk 4,10–11). Außerdem durchziehen Verse dieses Psalms die Tagzeitenliturgie der Vierzig Tage. Psalm 91 ist nicht nur einer der bekanntesten Psalmen der Komplet, des Nachtgebets der Kirche, sondern auch einer der Psalmen, deren Motive das Gesicht der Quadragesima mitprägen.
An den drei Hauptabschnitten des Psalms, der zurecht als »Zuspruch zum Vertrauen« gekennzeichnet wurde (Alfons Deissler), orientieren sich die drei Strophen des Liedes »Wer unterm Schutz des Höchsten steht«.

Bekenntnis der Zuversicht

Die *erste Strophe* (= Vers 1 und 2 des Psalms) enthält ein ausdrückliches Bekenntnis des Vertrauens, das die singende Gemeinde sich zu eigen macht: »Du meine Hoffnung und mein Licht, mein Hort, mein lieber Herr und Gott, dem ich will trauen in der Not.« Das ist die zentrale Botschaft des ganzen Psalms. Das Gottvertrauen ist der Grund eines gläubigen Lebens. Glauben heißt in das Vertrauen auf Gott hineinwachsen, ihm trauen in hellen und dunklen Stunden.

Erfahrungen des Vertrauens

Die *zweite Strophe* (= Vers 3–13 des Psalms) illustriert die Grundaussage in einer Reihe von Bildern, knapper, allgemeiner und gegenwartsnäher als im Psalm. Der Mensch ist den Gefahren, die ihn bedrohen, gewachsen, weil Gottes Hand ihn hält. Er kann sich auf die Engel Gottes verlassen, die ihn auf seinen Wegen behüten, so daß er nicht einmal mit seinem Fuß an einen Stein stößt und sich verletzt.

Gottes Verheißung

Die *dritte Strophe* (= Vers 14–16 des Psalms) faßt das Lied in einer Verheißung Gottes zusammen, die dem einleitenden Bekenntnis entspricht und es bestätigt: »Wer an mich glaubt, sei unverzagt, weil jeder meinen Schutz erfährt; und wer mich anruft, wird erhört.« Die göttlichen Zusagen gehen weit über die Stunden der irdischen Gefahren hinaus. Im Horizont des Liedes werden die Fülle des Lebens und das Heil sichtbar. Wenn das kein Grund zur Hoffnung und Zuversicht ist, aber auch zur Freude über die bleibende Geborgenheit in Gott! Wir können Gott vertrauen, weil er uns vertraut. Aus seinem Vertrauen zu uns wächst unser Vertrauen zu ihm heraus.

GEBET

Jesus Christus hat gesagt:
»Sorgt euch nicht um euer Leben!
Ängstigt euch nicht!
Euch soll es um das Reich Gottes gehen;
dann wird euch das andere dazugegeben.«

Darum beten wir:
Gott.
Wir fürchten,
wenn wir uns auf dich einlassen,
wird unser Leben noch schwerer;
wenn wir uns für deine Sache mühn,

kommen wir selber zu kurz.
Mach uns frei von der Angst.
Gib uns Freude an deinem Reich
und laß uns erfahren,
daß dir allein die Zukunft gehört.
Das gewähre uns durch Jesus Christus.

(Missale Nr. 40)

Heribert Feifel/Werner Groß (Predigt)

Aus tiefer Not schrei ich zu dir

Zweiter Fastensonntag

EINFÜHRUNG

Zu Gott schreien – darf man das? Wenn Sie die Psalmen, die Lieder Israels und der Kirche aufschlagen, können Sie lernen, wie man das macht. Schreien und klagen sind notwendige Lebensäußerungen des Menschen. Es stimmt etwas nicht mit ihm. Er fühlt sich nicht im Einklang mit sich selbst. Das Leben hat ihm übel mitgespielt. Er ist tödlich verletzt. Mit Gott weiß er sich nicht (mehr) im Einklang. Gottesferne und Gottesfinsternis kennzeichnen sein Leben. Was bleibt da anderes übrig, als einfach zu schreien?

Das heutige »Sonntagslied« beschreibt den Menschen, wenn er sich in Schuld und Tod vorfindet.

Wer schreit, bittet Gott um Gehör. Manchmal sind die Dichter die sprachlich besseren Beter. Wenngleich der deutsch-jüdischen Dichterin Else Lasker-Schüler (1876–1945) der Gott der Bibel fremd geblieben ist.

Gott hör …

Um meine Augen zieht die Nacht sich
Wie ein Ring zusammen.
Mein Puls verwandelte das Blut in Flammen
Und doch war alles grau und kalt um mich.

O Gott, und bei lebendigem Tage
Träum ich vom Tod.
Im Wasser trink ich ihn und würge ihn im Brot.
Für meine Traurigkeit gibt es kein Maß auf deiner Waage.

Gott hör … In deiner blauen Lieblingsfarbe
Sang ich das Lied von deines Himmels Dach –
Und weckte doch in deinem ewigen Hauche nicht den Tag.
Mein Herz schämt sich vor dir fast seiner tauben Narbe.

Wo ende ich? – O Gott!! Denn in die Sterne,
Auch in den Mond sah ich, in alle deiner Früchte Tal.

Der rote Wein wird schon in seiner Beere schal ...
Und überall – die Bitternis – in jedem Kerne.

(Else Lasker-Schüler)

PREDIGT

Die Buße erhebt ihre Stimme im Gebet und Gesang – inmitten der Gemeinde, vor dem Angesicht des lebendigen Gottes. Die Bußlieder der Kirche haben ihre Vorgänger in den Bußpsalmen des Volkes Israel. Zu den berühmtesten Bußpsalmen gehört Psalm 130 (De profundis), zu den berühmtesten Bußliedern dessen Nachdichtung, nämlich das nunmehr ökumenische Lied »Aus tiefer Not schrei ich zu dir« (Gotteslob 163).
Mit dem Text und der Melodie dieses Liedes ist der Name des Reformators Martin Luther verbunden:

- Seine Bereimung des Psalms 130 ist aller Wahrscheinlichkeit nach das erste deutsche Psalmlied überhaupt. Als Entstehungszeit wird die Jahreswende 1523/24 angegeben.
- Der Ruf zur Buße war eines der Signale zur Reformation. Die weithin bekannte erste der 95 Thesen, die Luther 1517 formulierte, lautet: »Unser Herr und Meister Jesus Christus wollte, indem er sprach: ›Tut Buße‹, daß das ganze Leben der Gläubigen Buße sei.«

Luther weitete Psalm 130 mit seinen nur acht Versen zu fünf Gesangstrophen aus. Die Fassung im »Gotteslob« übernahm die erste Strophe im ursprünglichen Wortlaut, während die beiden folgenden Strophen Bearbeitungen und Straffungen darstellen.

Der Schrei aus der Tiefe

Strophe 1 entspricht den ersten drei Psalmversen: der Schrei aus der Tiefe, der Gott in der Höhe erreichen möchte. In einer sehr warmherzigen Weise wird er mit menschlichen Zügen ausgestattet: »Dein gnädig Ohr neig her zu mir und meiner Bitt es öffne.«

Das Bild spricht ungemein an: Der große Gott neigt sich herunter zum schuldig gewordenen Kind, um ihm sein Ohr zu leihen und seine Bitte zu hören. Diese Bitte ist hineingenommen in eine kühne Frage: »Würdest du, Herr, unsere Sünden beachten, Herr, wer könnte bestehen? – Denn so du willst das sehen an, was Sünd und Unrecht ist getan, wer kann, Herr, vor dir bleiben?«

Die Hoffnung und ihr Grund

Die *zweite Strophe,* die sich auf die Psalmverse 4 und 5 bezieht, sieht aus der Tiefe das Leuchten der Hoffnung am Horizont: »Doch bei dir ist Vergebung, damit man in Ehrfurcht dir dient.« Gott will den Menschen nicht in der Tiefe der Schuld und Sünde verkommen lassen; er reißt ihn heraus, er holt ihn herauf. Vergebung zu gewähren, ist seine Art: »Es steht bei deiner Macht allein, die Sünde zu vergeben.« Vergebung bedeutet Rettung, Heil und Leben. Der Mensch in der Tiefe hat Grund zur Hoffnung, die das Lied mit großer Eindringlichkeit zum Ausdruck bringt: »Darum auf Gott will hoffen ich, auf ihn will ich verlassen mich und seinem Wort vertrauen.«

Der gute Hirt

Die *dritte Strophe* greift die Psalmverse 6–8 auf. Das bewegende Bild von den Wächtern, die auf den Morgen warten, klingt an: »Und ob es währt bis in die Nacht und wieder an den Morgen« – die Zuversicht bleibt, die stärker ist als Angst, Sorge und Verzweiflung, »denn beim Herrn ist die Huld, bei ihm ist Erlösung in Fülle«. Das Lied fügt das biblische Bild vom Hirten ein, der Israel (gemeint ist auch »das neue Israel«) »erlösen wird von seinen Sünden allen«.
Es ist gut, daß die getrennte Christenheit mit einer Stimme, mit denselben Worten und Tönen im Bewußtsein ihrer Schuld von ihrer Bereitschaft zu Buße und Umkehr singen kann. Jede Strophe nennt den, der Vergebung schenkt, mit anderen Namen: »Herr Gott« (1) – »du einzig Heil und Leben« (2) – »der gute Hirt« (3). Die Bitte an ihn ist nicht umsonst.

GEBET

Du,
der du uns deinen Namen genannt
und uns Mut gemacht hast, dich anzusprechen,
wir kommen zu dir und sagen:
Gott, unser Vater,
wir danken dir, daß du für uns da bist.
Hilf uns,
daß auch wir für dich leben –
und für die Menschen,
in denen du uns begegnest.
Darum bitten wir durch Jesus Christus.

(Missale Nr. 35)

Heribert Feifel/Werner Groß (Predigt)

O Herr, nimm unsre Schuld

Dritter Fastensonntag

EINFÜHRUNG

Versagen und Schuld gehören zum Leben des Menschen. Man kann mit dieser Erfahrung leben, sich mit diesem Zustand abfinden und zur Tagesordnung des Schuldigwerdens übergehen. Auch die anderen Menschen werden schuldig, sind Sünder. Das ist kein Trost, kann aber zur Nachsicht gegenüber unserem persönlichen Schuldiggewordensein (ver)führen.
Schuldig werden wir vor- und miteinander. Die Schuld »ereignet« sich zwischenmenschlich und im Zusammenspiel des Lebens. Sie ist das Ergebnis meines (Fehl-)Verhaltens.
Die Schuld ist meine höchst persönliche Angelegenheit, die auf die Versöhnung wartet. Diese muß zwischenmenschlich geschehen. Dann erfahre ich auch die Vergebung durch Gott.
Doch wir dürfen unsere Schuld nicht privatisieren. Miteinander stehen wir als Kirche der Sünder vor Gott. Miteinander bitten wir um sein Erbarmen. Deshalb ist der Bußgottesdienst ein wichtiger Ort der Wiederversöhnung. Dort erlebe ich die Solidarität von Sünde und Vergebung. Dort wird mir auch bewußt, daß es neben der individuellen Schuld die kollektive Sünde gibt, für die jeder von uns indirekt Verursacher und deshalb mitverantwortlich ist. Arbeitslosigkeit, die Schere zwischen Arm und Reich bei uns und weltweit, der »Zustand« des Gottesvolkes der Kirche(n) – hat das alles nichts mit uns (persönlich) zu tun?

PREDIGT

Aus zwei Gründen verdient das Lied »O Herr, nimm unsre Schuld« (Gotteslob 168) besondere Beachtung:

- Im katholischen Gesangbuch ist es eines der wenigen Lieder, das aus der evangelisch-freikirchlichen Tradition kommt. In diesem Lied weitet sich das ökumenische Singen über die beiden großen Kirchen hinaus.

- Im »Gotteslob« gehört es zu den seltenen neueren Liedern, die von Umkehr und Buße singen. Es erwies sich bei der Erarbeitung unseres Gesangbuches sehr schwierig, zeitgemäße Bußlieder zu finden oder zu schaffen.

Das Lied »O Herr, nimm unsre Schuld« stand zuerst und zunächst im Gesangbuch der Evangelisch-Methodistischen Kirche Deutschlands (1969) und fand von dort seinen Weg in katholische Diözesangesangbücher, in die ökumenische Sammlung »Gemeinsame Kirchenlieder«, in das »Gotteslob« und zuletzt in das neue »Evangelische Gesangbuch«.
Text und Melodie stammen von Hans-Georg Lotz, Dozent an der Hochschule für Musik in Hamburg und nebenamtlicher Chorleiter der evangelisch-freikirchlichen Gemeinde in Hamburg-Altona.

Bitte um Vergebung

Das Bußlied mit seinem äußerst knappen Text und seiner originellen Melodie beginnt gut biblisch mit einer Bitte um Vergebung; gleich einer Antiphon kehrt sie in der letzten Strophe wieder: »O Herr, nimm unsre Schuld ...« (das heißt: O Herr, nimm unsre Schuld auf dich, nimm sie von uns hinweg ...) Parallele Bitten in der Bibel sind überaus zahlreich; ein Beispiel möge genügen: »Herr, du bist gütig und bereit zu verzeihen« (Ps 86,5). Um Vergebung bitten heißt um Gottes Barmherzigkeit wissen, aber auch um das Unvermögen des Menschen, das Gute zu tun, wenn er auf sich allein gestellt ist. Den Weg zum Guten können wir nur mit Gottes Hilfe suchen, finden und gehen.

Zwischen Wollen und Vollbringen

Das Bußlied macht die Spannung zwischen Wollen und Vollbringen an drei Lebensbereichen deutlich, die wir immer wieder zu bestehen haben:

- die Beziehung zu Gott: Der lebendige Gott ist uns nicht unbekannt. Trotzdem sind wir wie Blinde, die sich im Dunkel mit tastenden Händen mühsam zurecht finden müssen. Wir sind auf ihn angewiesen und brauchen seine Führung und sein Geleit.

- die Beziehung zur Zukunft: Wir vertrauen auf die Macht und Vorsehung Gottes. Trotzdem läßt uns die Sorge um das Heute und Morgen nicht los. Die Ungewißheiten des alltäglichen Lebens bedrängen uns. Angst und Furcht in vielerlei Gestalt gehen mit uns. Ja, wir müssen feststellen, daß Angst und Furcht eher zunehmen als abnehmen.
- die Beziehung zum Mitmenschen: Wir kennen das Hauptgebot, »einander beizustehen«. Trotzdem ist unsere Selbstliebe größer als unsere Nächstenliebe.

Die Buße des Evangeliums

Die verhaltenen neutestamentlichen Anklänge dürfen nicht übersehen werden, denn die Buße lebt aus dem Evangelium, das Evangelium setzt der Buße Maßstäbe:

- Strophe 1: der Ruf des Blinden am Weg: »Sohn Davids, hab Erbarmen mit mir« (Mk 10,47.48).
- Strophe 2: die Frage Jesu nach dem Sturm auf dem See: »Warum habt ihr solche Angst?« (Mk 4,40)
- Strophe 3: die an der Not Vorübergehenden im Gleichnis vom barmherzigen Samariter (Lk 10,31.32).
- Strophe 4: die Warnung vor dem Reichtum (Mk 10,17–31).

Dieses Bußlied bringt Grundgedanken der Vierzig Tage zum Ausdruck und kann zu einem zeitgemäßen Begleiter der singenden Gemeinde auf ihrem Weg Ostern entgegen werden.

GEBET

Gütiger Gott.
Bei dir ist Freude über jeden Menschen,
der umkehrt und Buße tut.
Denn du bist der Vater, der für alle ein Herz hat.
Laß uns darauf vertrauen
und deinem Ruf folgen.

Hilf uns,
daß auch wir einander vergeben,
wie du uns vergibst.
Darum bitten wir durch Jesus Christus.

(Missale Nr. 27)

Heribert Feifel/Werner Groß (Predigt)

Erbarme dich, erbarm dich mein

Vierter Fastensonntag

EINFÜHRUNG

Sah oder sieht die Kirche im Menschen zuerst den Sünder? Die Sünde wird verabsolutiert, wenn nicht im gleichen Atemzug die Antwort Gottes genannt wird, die Botschaft der Vergebung. Die Sünde ist in den Heiligen Schriften ein zentrales Wort, weil sie eine Realität ist, die unsere Weltzeit kennzeichnet. Interessant und tröstlich ist aber auch, wie im Alten Testament der Regenbogen den Zorn Gottes ablöst. Vertrauenweckend für uns sind die vielen Begegnungen Jesu mit Sündern in den Evangelien.

Ihnen spricht Jesus das Wort der Vergebung zu. Als österliche Morgengabe hat Jesus den Aposteln die Vollmacht der Sündenvergebung anvertraut. Diesen Auftrag nimmt seitdem die Kirche wahr in den verschiedenen Formen sakramentalen Heilshandelns.

Verschiedene Vergebungsbitten stehen dem Glaubenden zur Verfügung: Das allgemeine Schuldbekenntnis oder die Kyrie-Litanei zu Beginn der Gemeindemesse, das Vaterunser, die Kommunion als sündentilgende »Arznei«, die Beichte und Bußfeier, die Krankensalbung, die zwischenmenschliche Versöhnung. Von diesen Vergebungsmöglichkeiten können wir Gebrauch machen – entsprechend der Eigenart, Besonderheit und Tragweite unserer Schuld.

Zum Entgegennehmen und zur Bewältigung unserer Schuld brauchen wir einander – gleichsam zur Vergewisserung des Heils. Dietrich Bonhoeffer (1906–1945) sagt dazu:

»Gott hat gewollt, daß wir sein lebendiges Wort suchen und finden sollen im Zeugnis des Bruders, in Menschenmund. Darum braucht der Christ den Christen ..., denn aus sich selbst kann er sich nicht helfen, ohne sich um die Wahrheit zu betrügen ... Er braucht den Bruder allein um Jesu Christi willen. Der Christus im eigenen Herzen ist schwächer als der Christus im Wort des Bruders; jener ist ungewiß, dieser ist gewiß« (Gemeinsames Leben S. 14).

PREDIGT

Die Tradition der Kirche kennt sieben Bußpsalmen, die je auf ihre Weise den Gedanken der Umkehr und Vergebung entfalten. Zu den bekanntesten Psalmen dieser Reihe gehört Psalm 51. Nach dem Anfangswort der lateinischen Übersetzung wird er gerne als »Miserere-Psalm« bezeichnet.
Das Lied »Erbarme dich, erbarm dich mein« (Gotteslob 164) ist Psalm 51 nachempfunden und nachgedichtet. Die Melodie stammt aus den »Psalmen Davids«, die Caspar Ulenberg (1548–1617), Pfarrer in Kaiserswerth, später in Köln, 1582 veröffentlichte. Seine Bereimung in 15 Strophen läßt sich heutzutage kaum mehr verwenden. An ihre Stelle tritt eine kürzere Fassung von Maria Luise Thurmair aus dem Jahr 1971. Dazu die Autorin selbst: »Diese folgt nicht sklavisch dem Gedankengang des Psalms, sondern nimmt seine Bitten und Bilder in einer freien Weise und in teilweise anderer Verknüpfung auf.«
Inhaltlich gilt auch für das Psalmlied: »Dieser Psalm weiß um das Dunkel der Sünde, aber er weiß noch mehr um den Lichtstrahl der Gnade« (Erich Zenger).

Erbarme dich

Die *erste Strophe* (= Verse 3–5) des Psalmliedes beginnt wie der Psalm mit einem Flehruf um Erbarmen: »Gott, sei mir gnädig nach deiner Huld, tilge meine Frevel nach deinem reichen Erbarmen.« Der Mensch in Sünde und Schuld erkennt, wie es tatsächlich um ihn steht, und ruft zu Gott um Barmherzigkeit (hebräisch = Mütterlichkeit). In unserer Sündhaftigkeit sind wir auf Erbarmen angewiesen; ohne Erbarmen können wir nicht existieren.

Von Anbeginn in Schuld verstrickt

Die *zweite Strophe* (= Verse 7 und 6) spricht von der Schuldverstrickung des Menschen seit dem ersten Augenblick seines Daseins: »Denn ich bin in Schuld geboren; in Sünde hat mich meine Mutter empfangen.« Alltägliche Erfahrungen wie die Neigung zum Bösen und der Widerstreit zwischen Gut und Böse in unserem Innern klingen an. Angesichts dieses beengenden Netzes von Sünde und Schuld drängt sich das Bekenntnis auf die Lippen: »Vor dir allein hab ich gefehlt.«

Ein reines Herz erschaff in mir

Die *dritte Strophe* (= Verse 11, 12a, 9b, 9a) bittet um Vergebung der Schuld: »Verbirg dein Gesicht vor meinen Sünden, tilge all meine Frevel.« Im Blick ist der gütige Gott, der ein reines Herz zu schaffen vermag – so weiß wie der Schnee im Winter. Angesprochen ist der barmherzige Vater, der den Sünder mit seiner gütigen Hand berührt und ihn aufrichtet, so daß er neuen Stand gewinnen kann. Angerufen ist der mächtige Herr, der das Böse in seine Schranken verweist.

Herr, nimm von mir nicht deinen Geist

Die *vierte Strophe* (= Verse 13b und 12b) fügt die Bitte um die Kraft zum Guten hinzu: »... gib mir einen neuen, beständigen Geist«. Die Umkehr ist sein Geschenk, das Geleit auf den Weg des Lebens ist seine Gabe. Wo immer das Gute geschieht, ist Gottes schöpferischer Geist am Werk. Er ist es, der zum Guten bewegt und treibt.

Öffne mir den stummen Mund

Die *fünfte Strophe* (= Verse 17 und 15) preist die Erbarmungen Gottes: »Herr, öffne mir die Lippen, und mein Mund wird deinen Ruhm verkünden.« Die Vergebung ist allen Lobes wert und würdig, dessen der Mensch fähig ist. Der Sünder wird nach der Wende seines Lebens zum Zeugen der Güte Gottes. Er gibt weiter, was er erlebt und erfahren hat, indem er die Größe Gottes bekannt macht.

Nimm an das Herz

In der *sechsten Strophe* (= Verse 19 und 16b) kommt die Demut des Menschen vor seinem Gott und Herrn noch einmal zu Wort:

»Das Opfer, das Gott gefällt, ist ein zerknirschter Geist.« Gott als den Herrn anerkennen heißt die eigene Ohnmacht bekennen. Wer sich vor Gott beugt, kann vor ihm bestehen und seine Barmherzigkeit für immer und ewig besingen.

GEBET

Barmherziger Gott.
Du nimmst die Sünde ernst,
aber du läßt uns die Möglichkeit zur Umkehr.
Du verurteilst unsere Verfehlungen,
aber du lädst uns ein zu einem neuen Anfang.
Wir danken dir, daß du barmherzig bist.
Gib uns den Mut umzukehren.
Gib uns die Kraft, neu anzufangen.
Darum bitten wir durch Jesus Christus.

(Missale Nr. 26)

Heribert Feifel/Werner Groß (Predigt)

O Mensch, bewein deine Sünde groß

Fünfter Fastensonntag

EINFÜHRUNG

Wir bringen es kaum fertig, über unsere Sünde zu weinen. Eher brechen wir in Tränen aus bei den Folgen der Sünde: Krankheit, Unglück, Enttäuschung, Tod. Uns fehlt das Gespür und die Einsicht in die Tragweite der Sünde. Immerhin hat sie einen das Leben gekostet. Am Schicksal Jesu Christi gehen uns die Augen auf. Immer wieder höre ich: Was ist das für ein Gott, der als Preis für die Sünde der Welt das Leben seines menschgewordenen Sohnes fordert? Erinnert das nicht an den jüdischen Opferkult, in dem das Opfertier stellvertretend für den Sünder sterben muß, da die Sünde zum Tod führt?
Wir können Gott nicht beleidigen. Auch nicht gnädig stimmen. Von diesen naiven Vorstellungen müssen wir Abschied nehmen. Die Sünde hat eine transzendentale Dimension. Sie ist nicht eine Gesetzesübertretung, ein moralisches Versagen. Sünde entfremdet von Gott. Sie macht den Menschen unsensibel für Gott, taub und blind, eigensinnig und überheblich. Das ist die Sünde der Welt, die dem Sohn Gottes seinen Eintritt in diese Welt verweigert hat. Diese Anti-Haltung gegenüber Gott, die Verabsolutierung der Autonomie, die Ablehnung des Helfers, kennzeichnet diese Welt – und auch unser persönliches Leben.
In diese zeitgeschichtlichen Zusammenhänge muß die Umkehr des Sünders eingebunden werden. Sonst bleibt die Buße, die konkrete Form des Neubeginns, ein Tauschgeschäft. Sie wird Leistung und Vergebung, wird Profit. Letztlich ist es die Tat Gottes, wenn wir vor ihm (wieder) »richtig liegen«.

PREDIGT

Von Anfang an haben sich die Christen dem Leiden und Sterben Jesu, wie die Evangelien es darstellen, mit großer Aufmerksamkeit und Hingabe zugewandt. Die Passion wurde zu einem vorrangigen Motiv der Umkehr und des Glaubens. Das Lied »O Mensch, bewein dein Sünde groß« (Gotteslob 166) ist in diesem Zusammenhang zu sehen und zu verstehen.

Autor dieses außergewöhnlich großstrophigen Liedes ist Sebald Heyden (1494–1561), protestantischer Kantor in Nürnberg. Das um 1530 gedichtete Lied stammt aus dem reformatorischen Bemühen, die Gemeinde stärker am gottesdienstlichen Geschehen zu beteiligen. Eine evangelische Liederkunde stellt die rhetorische Frage: »Was hinderte, der Gemeinde in Liedform auch die biblische Lesung in den Mund zu legen?« In 23 Strophen erzählt das Lied die Leidensgeschichte Jesu nach Art einer Evangelienharmonie. Die Melodie, die ungefähr fünf Jahre älter als der Text ist, gehört in die frühevangelische Straßburger Tradition. Es verdient hervorgehoben zu werden, daß unser Lied bereits im 17. Jahrhundert in katholische Gesangbücher übernommen wurde. Ein Beispiel für frühes ökumenisches Singen! Das »Gotteslob« beschränkt sich auf die Anfangs- und Schlußstrophe, die den theologischen Rahmen des Passions-Erzählliedes abgeben.

Der Weg Jesu zum Kreuz

Das Lied greift eine Anrede Jesu während seines Weges zum Kreuz auf: »Ihr Frauen von Jerusalem, weint nicht über mich, weint über euch und eure Kinder« (Lk 23,28). Es gilt nicht nur, in Tränen des Mitleids über Jesu Leiden und Sterben auszubrechen, sondern vor allem Tränen der Reue über unsere Sünden zu vergießen, die seine Passion verursacht haben. Jesus am Kreuz ist unser Stellvertreter. »Er wurde durchbohrt wegen unserer Verbrechen, wegen unserer Sünden zermalmt« (Jes 53,5).
Die *erste Strophe* verkündet den Weg Jesu um unserer Sünden willen, beginnend mit seiner Entäußerung und Menschwerdung (Phil 2,7). In seinen Taten erwies er sich stärker als Tod und Krankheit (Mt 8,16–17: »er heilte alle Kranken«). Als sich die Zeit erfüllte (Joh 13,1), gab er sich selbst hin, trug unsere Sünden auf das Holz des Kreuzes (1 Petr 2,24) und starb für uns gehorsam nach Gottes Willen.

Unser Kreuzweg

Die *zweite Strophe* spricht von unserem Weg in der Nachfolge des gekreuzigten Herrn. Die Dankbarkeit ihm gegenüber (so das

Lied in seiner schlichten und konkreten Denkweise) äußert sich in einem tatkräftigen Leben nach seinem Willen, in der entschiedenen Abkehr von der Sünde und in der liebevollen Hinwendung zum Nächsten. Das kann gelingen, »weil Gottes Wort so helle scheint« und wir unsere Schritte in seinem Licht gehen können. Am Weg Jesu können wir uns orientieren, damit wir wie er vorankommen und das Ziel erreichen.
Die Betrachtung des Kreuzes und des Kreuzweges (im umfassenden Sinn unseres Liedes) läßt uns erkennen, was zu tun ist und worauf es hier und heute ankommt. Im Kreuz ist Heil, Vergebung und Freiheit.

GEBET

Herr Jesus Christus, der Ratschluß des Vaters hat Dich in die Welt gesendet, und Du bist gekommen und hast alle »Gerechtigkeit erfüllt«. Du hast den Vater mit vollkommener Liebe geliebt und die Welt zu Ihm zurückgewendet, und darin ist sie heil geworden. Du hast unser Dasein in Dein Herz aufgenommen, es durchgelebt und durchgelitten, und darin hat seine Schuld die Sühne gefunden. Das ist geschehen und bleibt für alle Zeit. Du bist der Anfang der neuen Schöpfung. Dieser heilige Anfang ist nun da, und er wird sich nicht verschließen bis ans Ende aller Dinge.
Ich habe das erwogen, aber Sprechen und Hören hilft zu nichts, wenn Du, o Herr, nicht die Wahrheit im Innern aufleuchten lässest. So bitte ich Dich, wende Dich zu mir. Laß mich erkennen, wer Du bist. Laß mein Herz das Heilige fühlen, das in Dir gekommen ist. Laß mich die Herrlichkeit sehen, die in Deinem Antlitz leuchtet. Aus Deinem Wesen und Wort, aus Deinem Tun und Deinem Schicksal laß mich gewiß werden, daß in Dir die erlösende Wahrheit und Liebe nahe ist.

(Romano Guardini)

Heribert Feifel/Werner Groß (Predigt)

Herzliebster Jesu, was hast du verbrochen

Palmsonntag

EINFÜHRUNG

Wir feiern die Heilige Woche vom Leiden, Sterben und der Auferstehung unseres Herrn Jesus Christus. Was wir liturgisch als Gedächtnis des Todes und der Auferstehung, als Karfreitag und Ostern (und bei der sonntäglichen Eucharistie feiern), faßt man in der lateinischen Sprache unter dem Begriff »passio« zusammen. Passion meint zweierlei: Leidenschaft und Leiden. Auf diese Karwoche bezogen: die Leidenschaft Gottes für diese Welt. Wir sagen dazu auch Erlösung. Die Preisgabe Jesu in den Willen des Vaters um des Menschen willen. Wir sagen dazu Erniedrigung und Erhöhung Jesu.

An der Passion Jesu können wir auf verschiedene Weise teilhaben. Durch die Taufe sind wir eingebunden und verflochten mit der Existenz Jesu Christi. Deshalb wird in unserem Leben der Tod und die Auferstehung Jesu sichtbar: Der Jünger hat es nicht besser als der Meister (vgl. Mt 10,24). Das Leben des Christen bleibt nicht unwidersprochen. Zu unserem Leben gehören die »kleinen Auferstehungen«, die Freuden, aber auch das Kreuz.

Aus dieser Lebenserfahrung hat sich (besonders durch die Mystik) die compassio, die Teilhabe am Leiden und Auferstehen unseres Herrn entwickelt. Die bildende Kunst stellt Jesus als den Schmerzensmann dar, der den Betrachter fragen läßt: »Herzliebster Jesu, was hast du verbrochen?« Die Frucht dieser Christusminne haben wir in der religiösen Dichtung des Barock.

Es ist wichtig, daß wir die Leiden unserer gegenwärtigen Weltzeit in der Zuordnung zur Passion Jesu sehen. Andernfalls wird jedes Leid und jedes Leiden sinnlos. Besser auf das Kreuz schauen, als es enträtseln oder deuten wollen.

Aus den Pensées von Blaise Pascal:

»Bis ans Ende der Welt wird die Agonie Jesu dauern: nicht schlafen darf man bis dahin.

Willst du, daß ich immer das Blut meiner Menschlichkeit zahle, ohne daß du Tränen dafür gibst?« (Fragm 553)

PREDIGT

Das in evangelischen und katholischen Gemeinden wohlbekannte Passionslied »Herzliebster Jesu, was hast du verbrochen« (Gotteslob 180) ist barocken Ursprungs. Der Dichter Johann Heermann (1585–1647), der es 1630 geschaffen hat, war evangelischer Pfarrer in Köben an der Oder. Der Komponist Johann Crüger (1598–1662), Kantor an St. Nikolai und Lehrer am Grauen Kloster in Berlin, fügte zehn Jahre später die Melodie hinzu. Freilich geht diese Melodie auf den bekannten Genfer Psalter (1543) zurück; dort ist sie als Vertonung des Psalms 23 zu finden, der den Herrn als Hirten preist. Ein Grund für ihre Übernahme ist wohl in der Formulierung der vierten Strophe »Der gute Hirte leidet für die Schafe« zu finden.
Auch für den Text gibt es eine berühmte Vorlage, nämlich eine Meditation von dem berühmten Theologen und Kirchenlehrer Anselm von Canterbury (1033–1109), der als »Vater der Scholastik« gilt. Er hat einer neuen Art des geistlichen Umgangs mit der Passion des Herrn die Wege bereitet und das Mitfühlen und Mitleiden mit dem leidenden Heiland gepflegt und angeregt. Es ist sein Anliegen, sich die Passion des Herrn zu Herzen gehen lassen.
Johann Heermann lagen die Meditationen Anselms in der lateinischen Urfassung und in einer zeitgenössischen deutschen Übersetzung vor. In einem Gebet »Wie sich der Mensch erkennen soll, daß er des Leidens Christi ein Ursach sei« stehen die Sätze:

- »Was ist doch dein Laster und Mißhandlung? Was ist deine Schuld? Was ist die Ursach deines Todes? … O, ich bin die Ursache und Plage deines Leidens …«
- »O wie eine wunderbarliche Weise deiner Züchtigung, aber dem Geheimnis nach eine unaussprechliche Verordnung. Der Ungerechte sündigt, und der Gerechte wird gestraft; der Selbstschuldige übertritt, und der Unschuldige wird geschlagen; der Gottlose mißhandelt, der Fromme wird verdammt. Was der Böse verdienet, das leidet der Fromme; was der Knecht verschuldet, das bezahlet der Herr; was der Mensch verwirkt, das übersteht Gott.«

Das Passionslied umfaßt im Original 15 Strophen. Das »Gotteslob« beschränkt sich auf die ersten vier.

Fragen vor dem Kreuz

Der Eindruck entsteht, als ob der Dichter während der ersten drei Strophen vor einem Bildnis des Gekreuzigten stehe und in einen Dialog mit ihm eintrete. Das Kreuz fordert zu Fragen heraus. Der Dichter hat die Frage »Warum?« im Herzen und auf den Lippen.
Die *erste Strophe* besteht aus drei Fragen an den Gekreuzigten. Der Dichter fragt ihn nach seinen Verbrechen, nach seiner Schuld, nach den Mißhandlungen, die ihn im Anschluß an seine Verurteilung getroffen haben.
Die *zweite Strophe* skizziert die »Missetaten, in die er geraten ist«, mit kraftvollen Verben. Nicht die ganze Passion kommt in den Blick, sondern einige herausragende Szenen: Geißelung, Dornenkrönung, Kreuzigung.
Die *dritte Strophe* wiederholt die Frage nach der Ursache solcher Plagen und gibt eine eindeutige und klare Antwort: Mea culpa! Meine Schuld! Der Dichter steht unter dem Kreuz als Sünder, der seine Schuld erkennt und bekennt. In ähnlicher Weise singt das Lied »O Haupt voll Blut und Wunden«: »... ich, ich hab es verschuldet, was du getragen hast«.

Bekenntnis zum Kreuz

In der *vierten Strophe* wendet sich der Dichter vom Bildnis des Gekreuzigten zur Gemeinde. Aus dem Dialog erwächst die Verkündigung, die Deutung des Glaubens. »Die wunderbarliche Strafe« läßt sich in biblischen Bildern ausdrücken:

- Der gute Hirt gibt sich für seine Herde hin und läßt sich wie ein Lamm schlachten.

- Der Herr geht stellvertretend für seine Knechte in den Tod.

Was in der Menschwerdung des ewigen Wortes begonnen hat, vollendet sich am Kreuz. Jesus Christus nimmt das Unsere auf sich, um uns das Seine zu geben. Er bezahlt für unsere Schuld und entlastet uns von unserer Sünde, um uns mit seinem Leben und seiner Liebe zu beschenken: der staunenswerte Tausch – die wunderbare Strafe.

GEBET

Du hast dich meiner erbarmt, heiliger Gott. Dein Sohn hat seinen Leib für mich dahingegeben. Darum darf ich dein Erbarmen anrufen. Er hat den Tod gekostet, der der Sünde Sold ist. Darum brauche ich nicht zu verzweifeln in den sündigen Finsternissen meines Lebens. Ich verehre das Geheimnis, das den Tod des Herrn verkündigt, bis er wiederkommt. Darum kann ich zuversichtlich sein, wenn die Ohnmacht des Fleisches, der Sünde mich zu zermalmen scheint. Durch den Gekreuzigten hat sich alles gewandelt, Finsternis zu Licht, Tod zu Leben, leere Einsamkeit in erfüllte Nähe, Ohnmacht in Kraft. Durch das Sakrament, in dem der Gekreuzigte und Auferstandene Dasein gewinnt für mich, bitte ich dich, den Vater der Erbarmungen und den Gott allen Trostes: erbarme dich meiner, o Gott, nach der großen Fülle deines Erbarmens. Und mein armes Herz wird deine Güte in Ewigkeit preisen. Amen.

(Karl Rahner)

Heribert Feifel/Werner Groß (Predigt)

Wochentage in der Fastenzeit

Vielleicht auch wir

Aschermittwoch

BUSSELEMENT (NACH DER HOMILIE)*

Gott,
du willst nicht den Tod des Sünders,
du willst, daß er umkehrt und lebt.
Höre unsere Bitten:
Segne diese Asche,
mit der wir uns bezeichnen lassen,
weil wir wissen, daß wir Staub sind
und zum Staub zurückkehren.
Hilf uns, dich zu hören,
laß in vierzig Tagen der Buße
Glaube, Hoffnung und Liebe in uns wachsen.
Verzeih uns unsere Sünden,
erneuere uns nach dem Bild deines Sohnes,
und schenke uns durch seine Auferstehung
Leben heute und in deiner Ewigkeit
durch Christus, unseren Herrn.

SCHRIFTTEXT

Joël 2,12–18

PREDIGT

»Bedenke Mensch, daß du Staub bist …

… und wieder zum Staub zurückkehren wirst.« Mit diesen Worten wird uns heute das Aschenkreuz aufgezeichnet.
Wort und Zeichen wollen uns augenscheinlich daran erinnern, daß alles in dieser Welt unweigerlich auf ein Ende zuläuft. Auch wir Menschen machen da keine Ausnahme.
Nur, das müßte man uns nicht ausdrücklich sagen und zeigen. Tagtäglich führen es uns Zeitungen und Nachrichten drastisch

* »Das allgemeine Schuldbekenntnis entfällt. Es wird ersetzt durch die Austeilung der Asche nach der Homilie« (MB 75).

genug vor Augen. Und wohl jeder von uns hat es auch schon im engeren Bekanntenkreis, in seiner eigenen Familie erlebt: Tod und Krankheit machen vor der eigenen Haustür nicht halt.
Soll uns Angst und Schrecken eingejagt werden vor dem, was uns ohnehin noch früh genug erreicht? Sollen wir daran erinnert werden, daß doch alles wenig oder gar keinen Sinn hat? Dann müßten wir folgerichtig aufgeben, unser Leben enttäuscht wegwerfen. Oder wir müßten konsequent nach dem Motto leben: »Carpe diem! – Genieße das Leben heute, wer weiß, ob du's morgen noch hast!« Warum sich das Leben vergällen lassen!
Beides entspräche nicht dem, was uns vom Propheten Joël überliefert ist. Er ruft zum Fasten auf, zu einem Fasten, wie es zu seiner Zeit Brauch war: Weinen und Klagen, Zerreißen der Kleider. »Ruft einen Gottesdienst aus! Versammelt das Volk ... versammelt die Alten, holt die Kinder zusammen, auch die Säuglinge!« (Joël 2,16)
Was soll denn dieser Aufwand, wenn alles Staub ist? Wenn alles dem Untergang geweiht ist? Eben das bestreitet Joël mit seinem Ruf: Es ist noch nichts zum Untergang entschieden! Joël baut darauf, daß Jahwe, Gott, eine Zukunft für die Menschen hat. Sie müssen nicht im Staub versinken, auch wenn vieles darauf hindeutet. Doch diese Zukunft haben die Menschen nicht in der Hand. Sie steht bei Gott.

Bloße Schicksalsergebenheit auf der einen Seite ...

... blinde Selbstsicherheit auf der anderen sind gefährlich. Denn beide erwarten nicht, daß Gott im Spiel ist, daß Gott in dieser Geschichte handelt, mitlebt und mitredet. In den Augen Gottes ist noch nichts erledigt: weder so, daß wir uns aufgeben müßten, noch so, daß wir die Wirklichkeit des Todes nicht mehr ernst zu nehmen bräuchten. Das Paradies ist nicht in machbare Nähe gerückt. Unsere Unsterblichkeit liegt nicht im Bereich des technisch Möglichen. Joël sagt uns deutlich: Es wäre höchste Zeit, unsere Menschen-Möglichkeiten ehrlich anzuschauen und Gott nach seinem Weg mit uns zu fragen. Und ganz Prophet kämpft er darum, daß sich die Menschen doch noch bewegen lassen umzukehren. Sein Ruf zielt tiefer als die äußerlich sichtbaren Trä-

nen und das hörbare Klagen, tiefer als die Kleider und die Anwesenheit im Gottesdienst. Joëls Ruf zielt unter die Haut, in die innersten Schichten unseres Herzens, wo wir so gerne für uns allein sind und keinen mitreden lassen wollen.
Umkehr geschieht nicht dadurch, daß man sich auf Gesetze besinnt und alte Bräuche wieder aufnimmt. Wirkliche Umkehr ereignet sich da, wo jeder von uns sein Herz öffnet und das Wort Gottes zu hören beginnt, sich davon bewegen läßt und danach handelt. Damit öffnet sich unsere Zukunft.

Vielleicht gelingt uns diese Öffnung für Gott ...

... und seine noch ausstehende Geschichte mit uns. Umkehren, das heißt in unserer Unsicherheit und Bodenlosigkeit glauben und darauf vertrauen, daß Gott eine Heilsgeschichte mit uns lebt. Umkehren heißt: Nicht länger krampfhaft versuchen, ohne Gott Leben und Glück zu bekommen, egal woher und zu wessen Lasten, egal wie und zu welchen Bedingungen.
Kein Wunder fragen die Menschen heute wie zu Joëls Zeiten auch: »Wo ist denn euer Gott?« (Joël 2,17) Wird er sichtbar in unserem Entscheiden und Tun? Wird er hörbar in unserem Reden? Umkehren meint: Ehrlich eingestehen, daß ich Staub bin, daß ich mit Haut und Haaren auf Gott angewiesen bin, lebensnotwendig, auf Gedeih und Verderb.

Dabei brauchen wir keine Angst zu haben

Die Gewißheit, bloß Staub zu sein, ist nur dann niederschmetternd, wenn ich meine, ich müßte mich selbst retten. Ich allein müßte einen Ausweg finden. Daran scheitern wir. Damit fallen wir in den Attacken von Krankheit oder Tod plötzlich in dumpfe Leere.
Unser christlicher Glaube verheißt mehr: »Du darfst dir ruhig eingestehen, daß du nur Staub bist und zum Staub zurückkehren wirst, denn es gibt einen, der in den Staub hinabgestiegen ist und der dich aus dem Staub herauszieht.« Deshalb brauchen wir nicht zu verzweifeln an dieser Möglichkeit, daß morgen schon die schönsten Lebenspläne aufgeflogen sein können. Wir können un-

serer Wahrheit ins Gesicht schauen, weil sie nicht nur sterblicher Mensch heißt, sondern auch lebendiger Gott.

Was meint Buße?

Buße meint, daß ich umkehre zu meiner Wahrheit, nur Staub zu sein, und mich hinwende zu Gott, durch den allein ich mehr bin, weil er »den Schwachen aus dem Staub emporhebt« (Ps 113,7). Wenn wir tatsächlich Buße tun, dann sind äußere Zeichen wie Weinen, Klagelieder, Speiseopfer bei den Israeliten und Bußfeiern, Fasten, Misereor-Opfer bei uns echt. Wenn keine Buße geschieht, dann sind die äußeren Bußzeichen nur Selbstzweck oder Gewissensberuhigung. Sie nehmen Gott nicht ernst in seinem ernsthaften und im wahrsten Sinne des Wortes leidenschaftlichen Willen, uns Heil und Leben zu schenken. Damit wir aus dem Staub das Leben haben, leidet er für uns sogar den Tod seines Sohnes. Nicht Kleider sind zu zerreißen, sondern verhärtete, verschlossene Herzen sind zu öffnen.
Vierzig Tage Buß- und Fastenzeit sind eine große Möglichkeit, sich hinzuwenden zum Gott der Vergebung und seinen Lebensmöglichkeiten. Diese vierzig Tage stehen im Licht von Ostern. Wir brauchen nicht mehr wie Joël zu fragen: »Vielleicht kehrt Gott um. Vielleicht reut es ihn, und er läßt Segen zurück« (Joël 2,14). Dieses »vielleicht« ist seit Jesus Christus, seit seinem Tod und seiner Auferstehung von Gott her für uns alle entschieden: »Gott hat die Welt mit sich versöhnt« (2 Kor 5,19; Röm 8,10; Kol 1,20).
Nur unser »vielleicht« bleibt bestehen: Vielleicht kehren auch wir um im Zeichen des Kreuzes der Versöhnung. Vielleicht nehmen wir unser Nur-Staub-Sein ernst und bekehren uns neu zu unserem Gott. Vielleicht lassen wir ihn in unser Herz hineinreden, in unser Innerstes. Vielleicht! Wir könnten schon jetzt aus seiner Lebenskraft leben: aus der Kraft seiner Versöhnung wird uns Aussöhnung untereinander und mit uns selbst möglich.

ASCHENBESTREUUNG

Bekehrt euch und glaubt an das Evangelium

GEBET

Gott,
du bist treu.
Du liebst uns Menschen
und schenkst uns Leben.
Segne uns in unserer Vergänglichkeit.
Suche uns,
wenn wir uns verirren.
Hab Geduld mit uns,
wenn uns die Umkehr schwerfällt.
Sei uns nah,
damit unser Weg dich findet,
mündet in deine Gegenwart,
unser Ostern.

Clemens Stroppel

Wähle das Leben

Donnerstag nach Aschermittwoch

BUSSELEMENT

L.: Gott, du mein Gott, dich suche ich, meine Seele dürstet nach dir. Nach dir schmachtet mein Leib wie dürres, lechzendes Land ohne Wasser. Darum halte ich Ausschau nach dir im Heiligtum, um deine Macht und Herrlichkeit zu sehen. (Ps 63,1–3)

V.: Suche ich dich wirklich, Gott; suche ich meinen Durst nach Leben bei dir zu stillen, oder habe ich nicht andere, verführerische Durstlöscher, mit denen ich meinen Lebensdurst stille?
Zu dir rufen wir deshalb:

A.: »Erbarme dich meiner, o Gott, erbarme dich meiner« (GL 190,1)

L.: Denn deine Huld ist besser als das Leben, darum preisen dich meine Lippen. Ich will dich rühmen mein Leben lang, in deinem Namen die Hände erheben. Wie an Fett und Mark wird satt meine Seele, mit jubelnden Lippen soll mein Mund dich preisen. (Ps 63,4–6)

V.: Gott, nicht dich rühme ich. Ich rühme mich selbst und juble fremden Göttern zu, die alles versprechen und doch nichtig sind.
Zu dir rufen wir deshalb:

A.: »Erbarme dich meiner, o Gott, erbarme dich meiner« (GL 190,1)

L.: Ich denke an dich auf nächtlichem Lager und sinne über dich nach, wenn ich wache. Ja, du wurdest meine Hilfe; jubeln kann ich im Schatten deiner Flügel. Meine Seele hängt an dir, deine rechte Hand hält mich fest. (Ps 63,7–9)

V.: Wie oft, Gott, warst du meine Hilfe und ich habe es nicht bemerkt? Meine Seele hängt an vielem und an vielerlei, doch wenig an dir.
Zu dir rufen wir deshalb:

A.: »Erbarme dich meiner, o Gott, erbarme dich meiner« (GL 190,1)

V.: Gott, wir haben Grund, dich zu preisen und dich zu rühmen, denn du vergibst unsere Schuld, du schenkst uns Versöhnung und erneuerst unser Leben.
So bitten wir dich: Vergib uns unsere Schuld, wie auch wir vergeben unseren Schuldigern. Amen.

SCHRIFTTEXT

Dtn 30,15–20

PREDIGT

»Leben und Tod stelle ich dir vor, Segen und Fluch. Wähle also das Leben, damit du lebst ...«
Wer würde, vor diese Wahl gestellt, auch nur einen Augenblick zögern: Natürlich wählt jeder das Leben, den Segen, wenn schon die Wahl besteht. Leben in der Fülle des Segens ist unsere Sehnsucht. Was soll da eigentlich noch die Auswahlmöglichkeit zwischen Leben und Tod, zwischen Segen und Fluch?
Offensichtlich geht der Verfasser unserer Lesung davon aus, daß es doch nicht so klar ist mit der Wahl. Er scheint zu wissen, daß es sich dabei um eine Entscheidung handelt, die nicht selbstverständlich ist: Um nichts weniger geht es als um die Entscheidung zwischen Jahwe, dem Gott Israels, und den Göttern, die die Völker ringsum anbeten. Und diese Völker sind mächtig. Es geht ihnen gut. Sie sind reich, und ihren Göttern erweisen sie prunkvoll und selbstbewußt die Ehre: Ist also das der Weg zum Leben? Israel dagegen ist schwach, bedroht und hat einen schwierigen Gott, von dem man sich nicht einmal ein Bild machen darf, wie das sonst überall selbstverständlich war. Hat das Zukunft?
Der Augenschein macht die Entscheidung so schwierig: Natürlich wählen wir das Leben. Aber wir sehen doch fast täglich, daß es den anderen, den Völkern mit ihren Göttern, so gut geht, während wir armselig und bedrängt sind. Also – wählen wir das Leben. Wir sehen ja, wo das Leben glückt und blüht. Und schon steht das Goldene Kalb in der Mitte.
Die Wahl von Leben und Tod, von Segen und Fluch, vor die Israel gestellt ist, ist also die Entscheidung zwischen Jahwe und den

anderen Göttern. Und da kann der Augenschein sehr trügerisch sein. Der Glanz kann täuschen. Die drängende Aufforderung, das Leben zu wählen und die Konsequenzen der Wahl – Segen oder Fluch – zu bedenken, ist also keineswegs überflüssig. Leben – ja, aber wer kann es geben?
Vor diese Frage sehen wir uns heute wie damals gestellt. Die Götter stehen auch heute bereit und preisen sich an mit Pracht und Glanz. Wir brauchen nur einen Abend lang die Werbespots in den Fernsehprogrammen anzusehen, da wird uns Leben und Segen in geballter Fülle angeboten. Und wer könnte von sich sagen, er sei von all dem völlig unbeeinflußbar?
Alle möglichen Gruppen, Sekten und Parteien, Gurus und Demagogen preisen ihre Programme und Rezepte lauthals und glänzend verpackt an. Da wird die Seele gekonnt massiert und werden Sehnsüchte gekitzelt. Jeder verspricht Leben und Segen. Wir stehen vor der Entscheidung – immer wieder: Gott oder die Götter? Auf Gott hören, ihn lieben, auf seinen Wegen gehen, seine Gebote achten: Das ist der Weg zum Leben. Sich den anderen Göttern zuwenden heißt, sich von Gott abwenden, sich verführen lassen, sich vor ihnen niederwerfen und ihnen dienen. Mit diesen Worten drückt es die Lesung drastisch aus. Das ist der Weg in den Tod, das ist der Fluch, der das Leben belastet. Israel stand vor der Wahl. Jeder von uns steht vor derselben Wahl, nicht nur einmal im Leben, sondern immer wieder.
Die Fastenzeit, die gestern begonnen hat, kann uns helfen, unsere Entscheidung für Gott, für das Leben, für den Segen zu erneuern. Sie kann uns helfen, uns neu auszurichten: Liebe den Herrn, deinen Gott, hör auf seine Stimme, und halte dich an ihm fest; denn er ist dein Leben.

GEBET

Du Gott des Lebens, du hast uns erschaffen und erlöst. Nur du kannst unsere unstillbare Sehnsucht nach Leben stillen.
Du willst uns in die Gemeinschaft deines göttlichen Lebens führen.
Schau auf uns, denn unser Blick ist so oft fasziniert und gebannt von all den vielen Göttern, die sich uns anpreisen. Schau auf uns,

auch wenn wir dich aus dem Blick verloren haben. Führe uns zurück auf den Weg des Lebens, wo wir ihn verfehlt haben.
An dir, du menschenfreundlicher und lebenspendender Gott, finden wir Halt. An dir halten wir uns fest und preisen dich durch Christus, unseren Herrn. Amen.

Michael Schneider

Ein Fasten, wie es Gott gefällt?

Freitag nach Aschermittwoch

BUSSELEMENT

Vor 2500 Jahren in einer Synagoge in Jerusalem: Die jüdische Gemeinde hat sich zu einem Fasten- und Bußgottesdienst versammelt, wie sie nach der Katastrophe von 586 v. Chr., nach der Eroberung und Zerstörung Jerusalems und dem Babylonischen Exil aufgekommen waren.

Da tritt ein Prophet auf, der dem Volk Gottes seine Vergehen vorhalten soll, seine Sünden:
»An euren Festtagen macht ihr Geschäfte und treibt eure Arbeiter zur Arbeit an.«

Sind wirtschaftliche Kriterien und Argumente das Entscheidende?
Geschäfte über alles?
Festtage wie Werktage?
Immer schnellere Arbeit – rund um die Uhr?
Druck ausüben, Angst verbreiten, Mobbing?
Sind Arbeitsplätze Kampfplätze?

Der Prophet ruft:
»Streit und Zank unter euch,
und ihr schlagt zu mit roher Gewalt.«

Ist Rechthaben das Entscheidende?
Ich über alles?
Meine Sicht der Dinge, meine Pläne?
Ich sofort alles?
Meine Interessen, meine Wünsche, mein Gefühl, mein Wohlergehen?
Ich?
Und wenn's sein muß mit Gewalt?

SCHRIFTTEXT

Jes 58,1–9a

PREDIGT

»Rufe aus voller Kehle, halte dich nicht zurück!

Laß deine Stimme ertönen wie eine Posaune! Halte meinem Volk seine Untreue vor ... seine Sünden« (Jes 58,1). Die prophetische Kritik tritt mächtig auf gegen falsche Frömmigkeit.
Doch unser Prophet weiß, daß die Menschen, zu denen er gesandt ist, kein hoffnungsloser Fall sind. Trotz Heuchelei und rücksichtsloser Geschäftemacherei: »Sie suchen mich Tag für Tag; denn sie wollen meine Wege erkennen« (Jes 58,2). Ja, wer von uns suchte nicht Gottes Zuneigung, hätte nicht schon um seine Hilfe gefleht, schaute nicht aus nach Gottes lebensvollem Trost und seiner bergenden Hand? Wer von uns wollte nicht Gottes Wege erkennen in der Orientierungslosigkeit unserer Zeit, in den vielen Ja-aber-Situationen unseres Lebens? Wer sehnte sich nicht nach seiner wegweisenden Antwort?

Auch wir möchten, daß Gott uns nah ist

Und dann merken wir nichts und fragen: Warum siehst du es denn nicht? Und wir sehen nichts und fragen: Warum merkst du denn nichts?
Unser biblischer Prediger weist einen Weg aus dieser Not. Daß wir Gott so wenig spüren, daß er uns so fern scheint, könnte das nicht daran liegen, daß wir an den falschen Orten suchen oder nach dem falschen Gesicht? Könnte es nicht daher rühren, daß unsere Ohren von anderem in Beschlag genommen, unsere Hände mit anderem beschäftigt, unsere Augen auf anderes gerichtet sind und unsere Herzen am falschen Fleck sitzen? Könnte unsere Gottferne ihre Ursache nicht in dem tiefverwurzelten Verständnis haben, Glaube sei eine Angelegenheit zwischen mir und meinem Gott, Privatsache im Innersten meines Herzens?

Die Wegweiser, die uns heute aufgestellt sind, ...

... zeigen in Richtung Mensch als Fundort Gottes. Gott liebt es, wenn die Fesseln des Unrechts gelöst, wenn drückende Lasten

entfernt, Geknechtete freigegeben, schmerzende Joche zerbrochen werden. Bei ungerecht Gefesselten und Niedergedrückten, bei Lastenträgern und Hungerleidern haust er. Er ist auf ihrer Seite bei ihrer Suche nach Gerechtigkeit.
Muß unsere Suche nach Gottes Nähe also in die Dritte oder Vierte Welt führen? Die Fesseln, die Menschen dort knebeln, liegen nicht selten in unserer Hand. Es sind auch unsere Niedrigstpreise, die sie versklaven, unser Wohlstand, der sie knechtet, und unsere Zinslasten, die sie niederdrücken.
Auch hier, in der ersten Welt, können die Strukturen des Unrechts aufgebrochen und Lasten erleichtert werden. Ist uns unsere technische und wirtschaftliche Überlegenheit eine Frage? Ist es uns eine Sorge, daß sie immer zur Benachteiligung der Entwicklungsländer tendiert und versucht ist, koloniale Abhängigkeiten aufrechtzuerhalten oder gar neue zu schaffen? Bringen wir in unseren Gesprächen, und sei es am Stammtisch, die Suche nach mehr Gerechtigkeit ein? Sind wir bereit, für Importe aus Entwicklungsländern mehr zu bezahlen, Einschränkungen unseres Wohlstandes in Kauf zu nehmen?
Vielleicht wenden Sie jetzt ein: »Ich drehe doch die Welt nicht um, die große Politik!« Das tun wir nicht, aber wir können Interesse zeigen und die Sache in Bewegung halten. Im Wechsel der Perspektive, im Wechsel auf die Seite der Armen, im entschiedenen Wort und den beharrlichen Schritten gegen Unrecht und Versklavung liegt eine große Verheißung: »Wenn du dann rufst, wird der Herr dir Antwort geben« (Jes 58,9).

Teile an die Hungrigen dein Brot aus (Jes 58,7)

D. h. teile, was dein Leben ernährt und satt macht. Und das ist für uns längst mehr als gebackenes Brot: Das ist z. B. Arbeit. Wer von uns kann weniger arbeiten, damit ein anderer Arbeit findet, oder sich mit einem anderen einen Arbeitsplatz teilen? Hat es schon jemand wirklich überlegt? Brot, das ist z. B. auch, etwas Schönes gemeinsam erleben. Wer von uns lädt einen ein, der vereinsamt zu Hause sitzt, oder nimmt ihn mit? Unvollständige Beispiele, die Sie selbst weiterspinnen können. Was ist für mich Brot, das mich am Leben hält, und wo könnte ich es teilen?

Nimm Obdachlose, Heimatlose in dein Haus auf (Jes 58,7). Gibt es wirklich keine freien bezahlbaren Wohnungen mehr in unseren Gemeinden? Muß unbedingt verdient sein an der Miete? Haben nur die Ärztin oder der Ingenieur eine Chance und nur ohne Kinder? Spuren, die jeder weitergehen kann. Wo kann ich das schützende Dach teilen?
Wenn du einen Nackten siehst, bekleide ihn (Jes 58,7). Auch Nackte bekleiden meint vielleicht mehr, als gebrauchte Kleider abzugeben. Gibt es nicht Frauen, die für eine Mutter nebenan mal waschen und bügeln und flicken oder für ein paar Stunden die Kinder zu sich nehmen könnten, um die Mutter zu entlasten? Viele stehen bloß da, wenn sie auch nur eine Stunde Freiraum brauchen, um etwas zu erledigen. Es gilt, Phantasie zu entwickeln, Bloßstellen zu entdecken und einzuspringen.

»Ich habe doch weder politischen Einfluß noch Haus
noch Geld!«

Wenn mir das durch den Kopf geht, dann habe ich immer noch mich selbst, mein Wissen und meine Zeit. Wir haben zwei Hände, die vielleicht zupacken können, unsere Ohren, die zuhören können, und ein Herz, das mitleiden und Anteil nehmen kann. Wir haben einen Mund, der aufbauende Worte finden kann, und Augen, die Ansehen geben können. Und wir haben sicher Gelegenheit, das einzubringen. Entziehe dich nicht deinem Fleisch und Blut (Jes 58,7), entziehe dich nicht den Menschen, egal welcher Herkunft, den Menschen, die dich brauchen, dich als Mensch mit Herz und Verstand, mit dem, was du hast. Laß sie dein Herz finden.
Es lohnt sich, diese Spuren abzugehen. Wer den Menschen sucht, findet Gott: »Wenn du dann schreist, wird er sagen: Ich bin da!« (Jes 58,9). Das ist die lockende Verheißung.
Wenn wir beginnen, die Unterdrückung mit ihren vielen, teilweise so adrett geschminkten Gesichtern aufzuspüren und ihr ein Ende zu machen; wenn wir nicht mehr mit dem Finger auf andere zeigen und sie wegschicken, wo wir gefragt sind; wenn wir niemanden mehr verleumden und verurteilen, daß er doch selbst schuld sei, sondern den anderen nehmen, wie er geworden

ist, und den schwach Gewordenen unter die Arme greifen, dann geht im Dunkel ein Licht auf, dann wird unsere Finsternis hell. Gott wird uns begegnen. Dann verändern sich bei uns Welten, weil die Gerechtigkeit vorangeht und die Herrlichkeit des Herrn folgt.

Die 2500 Jahre alte Bußpredigt trifft uns immer noch

Auch heute noch sind ihre Worte eine Wünschelrute für Gott. Sie wollen Gottes- und Menschenliebe zusammenbringen. Darin ist der alttestamentliche Prediger christlich, lange vor Christus. Er legt in kleiner Münze das größte Gebot Jesu dar: Gott lieben und den Nächsten wie sich selbst (Mt 22,37.39). »Wer seinen Bruder und seine Schwester nicht liebt, die er sieht, kann Gott nicht lieben, den er nicht sieht« (1 Joh 4,20).
Nicht den Kopf hängen lassen sollen wir. Nicht in Sack und Asche gehen müssen wir. Der alttestamentliche Prediger, der zur Lieblingsliteratur Jesu gehörte, lebte in der Hoffnung, daß Mitmenschlichkeit möglich ist und Gerechtigkeit und daß Gott da ist, wo sie beginnen. Ich meine, diese vielfach erfahrene Gewißheit ist es wert, sich ein Herz zu nehmen und irgendwo anzufangen: Teilen, Verzicht, Selbstbeschränkung zu Gunsten anderer wird Gottesgewinn.

GEBET

Herr, unser Gott,
hilf uns zur Umkehr,
zu einem Fasten,
das dir gefällt.
Öffne unsere Augen für Fesseln des Unrechts.
Gib uns den Mut,
von drückenden Jochen zu befreien.
Öffne unsere Herzen für die Not.
Gib uns die Kraft,
unser Brot zu teilen,
das, was uns am Leben hält;
unsere Häuser zu öffnen,

das, was uns Schutz gibt und birgt;
uns den Menschen nicht zu entziehen,
die uns brauchen.
Laß uns deine Wege erkennen
und dich finden,
heute und in deiner Ewigkeit. Amen.

Clemens Stroppel

Nicht die Gesunden brauchen den Arzt, sondern die Kranken

Samstag nach Aschermittwoch

BUSSELEMENT

Mißgunst, Neid und Selbstgerechtigkeit sind oft Ursache für Konflikte und Streitigkeiten.
Besinnen wir uns darauf, wo wir anderen durch solches Verhalten geschadet haben.

- *Stille*

- Schuldbekenntnis: Ich bekenne Gott, dem Allmächtigen ...

Der Herr ist barmherzig und reich an Gnade. Er nehme von uns Sünde und Schuld und schenke uns ein versöhntes Herz.

SCHRIFTTEXT

Lk 5,27–32

PREDIGT

Nicht die Gesunden brauchen den Arzt, sondern die Kranken. Eine Binsenweisheit ist dies. Im Zusammenhang mit der Berufung des Levi und dem Mahl Jesu mit den Sündern scheint aber aus der Binsenweisheit ein Skandal geworden zu sein. Wenn der Arzt zu den Kranken geht, dann werden die Gesunden ungehalten. Wo gibt es denn das?
Das gibt es etwa in Lateinamerika: Gemeinden, Pfarrer und Bischöfe kümmern sich mit großem Einsatz um die Recht- und Landlosen, sie setzen sich ein für ausgebeutete Kinder, Frauen und Arbeiter, weil diese Zuwendung und Solidarität nötig haben. Dafür ernten sie von der anderen Seite, von den Großgrundbesitzern zum Beispiel, Vorwürfe und gar Drohungen.
Das gibt es bei uns: Ein Pfarrer und seine pastoralen Mitarbeiter geben ihre ganze Kraft für den Aufbau einer Gemeinde in einem neu gebauten Stadtteil: ein steiniger Acker; viele, die der Kirche entfremdet sind, ja, die sich selbst alle noch fremd sind. Die Alt-

eingesessenen fangen an zu maulen: »Wir sind ganz vergessen, und von denen geht doch sowieso niemand in die Kirche.« Wäre es nicht ihre Aufgabe als Christen, froh darüber zu sein, daß jemand diese mühsame Arbeit auf sich nimmt, sich diesen Menschen zuwendet, und mit am gleichen Strang zu ziehen?
Das gibt es dort, wo Christen, die sich um Menschen am Rande kümmern, scheel angesehen werden. Mit bestimmten Leuten hat man einfach nichts zu tun. Sie sind doch oft selber schuld und nützen die Hilfe der anderen sowieso bloß aus.
Drei unterschiedliche Beispiele, drei völlig verschiedene Situationen. Und doch haben sie eines gemeinsam: Die Gerechten oder auch nur scheinbar Gerechten gönnen den anderen die Zuwendung nicht. Der Arzt soll sich nicht um die kümmern, die der Sorge, der Zuwendung, der Heilung und der Solidarität in besonderer, freilich unterschiedlicher Weise bedürfen.
Die Pharisäer und Schriftgelehrten waren in der Tat Gerechte. Im Vergleich zu den Sündern und Zöllnern waren sie gerecht. Und als solche wollten sie nichts mit dem unreinen, sündigen Gesindel zu tun haben. Sie können sich ja ändern, umkehren, wenn sie wollen.
Jesus denkt und handelt anders. Er weiß: Heilung, Umkehr, Veränderung, Glaube gibt es nur durch Zuwendung, die er ja auch den Pharisäern gegenüber oft geübt hat, wie uns das Evangelium immer wieder sagt.
Er bestreitet nicht, daß es Sünder sind, mit denen er hier zu Tisch sitzt. Er weiß, daß sie der Umkehr bedürfen. Es ist nicht so, daß er diese Gäste im Hause des Levi als Sünder bestätigen würde. Aber er bestätigt sie als Menschen. Er zeigt ihnen seine Liebe, die Liebe Gottes zu einem jeden von ihnen. Er mahnt sie nicht von außen oder von oben herab. Er setzt sich zu ihnen an den Tisch. Die Erfahrung, angenommen, geliebt zu sein, wird sie zur Umkehr führen. Der Zöllner Levi wird zum Evangelisten Matthäus. Das bewirkt die Liebe und Zuwendung Jesu.
Das nicht zu erkennen, ist die Sünde der Pharisäer und Schriftgelehrten. Sie neiden den anderen, die es gar nicht verdient haben, die Zuwendung Jesu. Sie verteidigen den Standpunkt: Mit solchen Leuten pflegt man keinen Umgang. Wir bleiben unter uns, sonst machen wir uns unrein und die ganze Ordnung gerät

durcheinander. Fast scheint es so zu sein, als bräuchten sie die Sünder, um selbst gut dazustehen, um mit dem Finger auf sie zeigen zu können. Solches Verhalten ist mit den Pharisäern und Schriftgelehrten wahrhaftig nicht ausgestorben. Mißgönnte Zuwendung: Die haben das doch gar nicht verdient. Argwöhnische Beobachtung: Wenn der so weiter macht, bringt er unsere ganze Ordnung durcheinander. Mürrische Unzufriedenheit: Die dürfen tun, was sie wollen, und werden dafür noch belohnt.
»Nicht die Gesunden brauchen den Arzt, sondern die Kranken«, sagt Jesus. Man muß aber nicht erst Sünder werden, oder am Rande stehen oder ausgegrenzt sein, um die Zuwendung des Arztes Jesus, des Heilands, wie ein alter Titel für Jesus lautet, zu erfahren. Nur vor einem muß man sich hüten: vor der Selbstgerechtigkeit. Und wäre das den Pharisäern und Schriftgelehrten in der Geschichte des heutigen Evangeliums bewußt gewesen, dann hätten sie sich einfach auch mit an den Tisch im Haus des Levi gesetzt. Das hätte zunächst alle verwundert. Aber Jesus hätte sie willkommen geheißen. Sie hätten die Zuwendung Jesu erfahren, weil sie sich selbst als Bedürftige, als Sünder bekannt und sich in die Reihe der Sünder und Zöllner gestellt hätten. Jesus wäre auch *ihr* Arzt geworden. So aber blieben sie draußen, weil ihre Selbstgerechtigkeit sie hinderte, hineinzugehen. Wer sich nicht zu gut ist, sich an *einen* Tisch mit Sündern und Zöllnern zu setzen, sich dorthin zu begeben, wo auch Jesus seinen Platz eingenommen hat, der wird ihn erfahren als Arzt, der Heilung und Heil schenkt und der zur Umkehr befreit.

GEBET

Unser Herr Jesus Christus hat gesagt: »Nicht Gesunde brauchen den Arzt, sondern Kranke.
Nicht Gerechte zu rufen bin ich gekommen,
sondern die Sünder.«
Darum bitten wir:
Barmherziger Gott
Zu Unrecht halten wir uns oft für gut
und glauben, gerecht vor dir zu sein.
Wecke uns aus unserer falschen Sicherheit,

befreie uns von unserer Selbstgerechtigkeit
und heile uns durch Jesus Christus,
den Arzt der Kranken, den Heiland der Sünder,
der in der Einheit des Heiligen Geistes
mit dir lebt und herrscht in Ewigkeit. Amen.

(Meßbuch II, 319)

Michael Schneider

Altbekannt

Erste Fastenwoche: Montag

BUSSELEMENT

Warum kann ich nicht Zuwendung und Hilfsbereitschaft beschränken auf die wirklich »Nächsten«, auf deren Gegenliebe ich bauen kann –
wo ich doch anders leicht ausgenutzt werde?
Weil deine hilfreiche Zuwendung zu mir keine Grenzen kennt –
Herr, erbarme dich unser.

Warum kann ich nicht etwas nachtragen, wenn einer mir böse zugesetzt, mich verleumdet und angeschwärzt hat –
wo ich mich doch damit vielleicht vor neuen Verletzungen abschirmen könnte?
Weil du dem Petrus seine Untreue nicht nachgetragen und dem Schächer am Kreuz verziehen hast –
Christus, erbarme dich unser.

Warum soll ich mich nicht rächen, wenn einer mich schlecht gemacht, meinem guten Ruf Schaden zugefügt hat –
wo doch Rache so süß sein kann und Selbstbehauptung um uns herum als eine fast selbstverständliche Maxime gilt?
Weil deine Versöhnlichkeit keine Grenzen kannte und kennt –
Herr, erbarme dich unser.

Jesus, Freund der Geschundenen und der Geschlagenen, der Leichtfertigen und der Sünder, reiche uns deine versöhnende Hand, damit es uns leichter fällt, aus deinem Geist zu leben. Amen.

SCHRIFTTEXT

Lev 19,1–2.17–18

PREDIGT

Auf dem Kirchplatz treffe ich ein Knäuel Kinder. Acht und neun Jahre alt. Es war nicht beim üblichen Kräftemessen geblieben.

Einzelne hatten mittendrin in dieser Rauferei mit Stiefeln einem anderen bös zugesetzt. Ich trete also aus der Rolle des Beobachters heraus und schlüpfe in die Rolle des Schiedsrichters. Als die Streithähne getrennt und die ersten Tränen getrocknet waren, versuchte ich im Gespräch, die Sache aufzuarbeiten.
Was da alles vorgebracht wurde, kam mir durchaus bekannt vor: der kindliche Abklatsch von Denkwelt und Motivationen Erwachsener.
Warum soll ich nicht, der hat doch angefangen ...
Und im übrigen ist Rache süß ...
Das laß ich mir doch nicht gefallen ...
Ich bin doch nicht blöd ...
»Wie die Alten sungen, so zwitschern auch die Jungen!« Ob solche Kinder, die von ihren Eltern angeleitet werden zum Zurückschlagen, zum Rächen, zum Aufrechnen, je lernen, was die Wegweisungen Jesu und das von Mose für sein Volk festgeschriebene Gesetz von uns verlangen?

Motive

Ist Gutes tun immer zweckmäßig? Was tun, wenn gute Taten kein Echo finden? Was haben wir davon, wenn wir versuchen, rechtschaffen, redlich zu denken und zu handeln? Was tun wir, wenn unser vielleicht gut gemeintes Handeln uns Nachteile bringt?
Aus der Zeit des Exils in Babylon stammen die Ordnungen, die im Buch Levitikus aufgezeichnet sind. Eine Antwort auf die Frage nach dem Motiv heißt: »Seid heilig, denn ich, der Herr, euer Gott, bin heilig.« Kein Ton also von Nutzen oder Zweckmäßigkeit, von Echo oder Selbstverwirklichung. Aber auch keine Spur von formaler Gesetzlichkeit. Keine Androhung von Strafe. Keine Erinnerung an das allgemeine Gefühl für Anstand und Redlichkeit. Nur: »Seid heilig, denn ich, der Herr, euer Gott, bin heilig.«

Zurück zum Kirchplatz

Das verstehen nun achtjährige Kinder kaum. Ich muß also an einem anderen Zipfel anfangen. Vielleicht so: Was meint ihr wohl,

warum ich mich nicht an euch räche, wenn ihr mich ärgert und stört und faul seid? Doch wohl, weil ich euch leiden kann.
Vielleicht verstehen das die Kleinen. Sie können es ja auch kontrollieren. Sie sehen ja, wie ihr Pfarrer und Religionslehrer reagiert, wenn sie ihn ärgern, wenn seine Nerven überstrapaziert sind. Vielleicht finden sie auf dieser Spur einmal zur Einsicht, daß ein letztes Motiv für rechtes Handeln einfach der erhabene, barmherzige Gott selber ist, dem am Gelingen unseres Lebens etwas liegt. Der unser Leben und nicht unseren Tod will. Der gerecht ist, vor allem aber barmherzig.
Im Talmud ist zu lesen, daß Gott jeden Tag bete: »Möge mein Attribut des Erbarmens mein Attribut der Gerechtigkeit überbieten.«
Diesem heiligen, barmherzigen Gott wollen wir uns anpassen, uns seiner Art zu handeln annähern. Wir wollen uns bemühen, uns seine Art zu denken anzueignen.

Konkreter

Die wohl wichtigste Folgerung aus der Barmherzigkeit Gottes stellt unsere Lesung aus dem Buch Levitikus an den Anfang: »Seid heilig, denn ich, der Herr, euer Gott, bin heilig.«
Konkret bedeutet das: »Nicht stehlen, nicht täuschen, andere nicht betrügen, nicht falsch schwören, den Nächsten nicht ausbeuten und ihn nicht um das Seine bringen, Taube nicht verfluchen, Blinden kein Hindernis in den Weg stellen, den Stammesgenossen gerecht richten und den Stammesgenossen nicht verleumden. Du sollst in deinem Herzen keinen Haß gegen deinen Bruder tragen. Weise deinen Stammesgenossen zurecht, so wirst du seinetwegen keine Schuld auf dich laden. An den Kindern deines Volkes sollst du dich nicht rächen und ihnen nichts nachtragen. Du sollst deinen Nächsten lieben wie dich selbst« (Lev 19,17 f).

Geist der Bergpredigt

Dies ist auch der Geist des Jesus aus Nazaret, des Jesus der Bergpredigt. Er sagt: Haltet stand gegen Rache, Vergeltung und Haß. »Liebt eure Feinde und betet für die, die euch verfolgen, damit ihr

Söhne eures Vaters im Himmel werdet; denn er läßt seine Sonne aufgehen über Bösen und Guten, und er läßt regnen über Gerechte und Ungerechte. Wenn ihr nämlich nur die liebt, die euch lieben, welchen Lohn könnt ihr dafür erwarten? Tun das nicht auch die Zöllner?« (Mt 5,44–46)
Auch Jesus liefert dazu die entsprechende Motivation. »Ihr sollt also vollkommen sein, denn auch euer himmlischer Vater ist vollkommen« (Mt 5,48).
Dies ist eine neutestamentliche Variante des Alttestamentlichen: »Seid heilig, denn ich, der Herr, euer Gott, bin heilig«. Obwohl wir uns damit gelegentlich recht schwer tun, dürfen wir nicht nachlassen, dies anderen, vor allem Kindern, glaubwürdig zu vermitteln. Notfalls auch gegen anderslautende Regieanweisungen von unerleuchteten Eltern.

Altbekannt

Daß das »Liebe deinen Nächsten« das besondere und eigentümliche Gebot für Christen ist, weiß eigentlich jeder. Daß Versöhnlichkeit Kräfte freisetzt und menschenwürdig leben hilft, weiß eigentlich auch jeder. Daß Hilfsbereitschaft eine der vordringlichen Weisungen für Juden wie Christen ist, halten selbst Fernstehende für selbstverständlich. Warum dann über Selbstverständliches und Altbekanntes überhaupt reden? Einfach deshalb, weil es ein weiter Weg ist zwischen Einsicht und Handeln, zwischen dem Gebot und dessen Verwirklichung, zwischen Impuls und Echo. Dann aber auch – und vor allem –, weil wir immer wieder der impulsierenden Argumente bedürfen, damit wir Nächstenliebe, Versöhnlichkeit und Hilfsbereitschaft durchhalten, auch wenn keine Anerkennung und kein Dank zurückkommen.

GEBET

Weil du, der Meister, für uns da bist, möchten auch wir für die anderen da sein.
Weil du, der Freund, für uns ein offenes Herz hast, möchten auch wir den Nöten und Schwächen des anderen gegenüber offen sein.
Weil du, der Versöhner, immer wieder neu Versöhnung

schenkst, soll es auch unter uns keine Unversöhnlichkeit mehr geben.
Weil du die menschgewordene Liebe unseres Gottes bist, soll es auch unter uns keinen Haß, keinen Streit, kein Nachtragen geben.
Sei auf unserer Seite, du unser Versöhner, Freund und Meister. Amen.

Anton Bauer

Verzagt

Erste Fastenwoche: Dienstag

BUSSELEMENT

Oft verstecken wir uns vor unserem Gott, obwohl wir wissen, daß er unser Heil und unser Helfer ist.
Herr, erbarme dich.

Oft laufen wir vor ihm davon, obwohl wir wissen, daß er unser Trost und unser Halt ist.
Christus, erbarme dich.

Oft verschließen wir unsere Augen, unsere Ohren und unsere Herzen vor ihm, obwohl wir wissen, daß wir nur bei ihm Sinn und Zukunft finden.
Herr, erbarme dich.

Wir sind dein Volk, Herr, und dein Eigentum. Wir haben uns aufgemacht, dich zu suchen. Du bist uns nahe, deshalb bitten wir: Gib uns Mut und Geduld zur Einkehr und Besinnung, zur Umkehr und zur Buße. Denn du bist groß im Verzeihen und grenzenlos im Erbarmen.

Der allmächtige Gott erbarme sich unser, er nehme alles weg, was uns hindert, ihn zu suchen und zu finden. Amen.

SCHRIFTTEXT

Jes 55,10–11

PREDIGT

»Ach, wieviel Spaltungen und Zwietracht, Uneinigkeit und Streit zersprengen nicht heute den Felsen, das heißt das Leben in den Klöstern! Fällt Gottes Wort als Samen auf diesen Felsen, dann bringt es keine Frucht. Ihm fehlt der Tau des Heiligen Geistes, der nicht in Haß und Zwietracht, sondern nur in der Gemeinschaft Wohnung nimmt.« So klagt nicht ein müde gewordener alter Pfarrer des 20. Jahrhunderts. So klagt der junge, kaum dreißig-

jährige Antonius von Padua in einer Predigt zum Sonntag Sexagesima.
Die Urregel der Franziskaner war noch keine zehn Jahre alt. Die Freunde des heiligen Franziskus versuchten wirklich, das Wort Gottes lebendig, verbindlich, der Zeit entsprechend in ihrem Leben zu beantworten. Dennoch dieses Klagelied. Das Wort Gottes bringt keine Frucht. Es fehlt ihm der Tau, der es zum Sprossen und zum Keimen bringen kann. Statt Gemeinschaft beklagt Antonius Spaltung, Zwietracht, Uneinigkeit, Streit, Haß.
Man muß nicht über 700 Jahre zurückgehen. Ähnliche Klagelieder verzagter Zeitgenossen und Kirchenführer sind uns auch heute durchaus geläufig.

Verzagt

In der Gefangenschaft in Babylonien beginnt das eingeschüchterte, im Stolz verletzte, gedemütigte und gekränkte Volk Israel zu resignieren. Die Verbannten beginnen, müde und verzagt die Hände in den Schoß zu legen. Noch schlimmer, sie beginnen an der Verläßlichkeit und Zuverlässigkeit des Verheißungswortes ihres Gottes zu zweifeln. Das übermächtige Babylon verdunkelt jeden Hoffnungsschimmer. Der Blick des Heimwehs zurück ins gelobte Land wird verhängt durch die Gewöhnung an die unabänderlich scheinenden Verhältnisse. Ihr Vertrauen auf die wirkkräftigen Verheißungen ihres Gottes ist zusammengeschmolzen.

Der zweite Jesaja

In dieser Situation tritt der Prophet auf und stellt der Resignation und Müdigkeit, der Glaubenslosigkeit und der Hoffnungslosigkeit seine Erfahrung und seine Botschaft entgegen: »Mit dem Wort unseres Gottes ist es wie mit dem Regen und dem Schnee. Sie fallen vom Himmel und kehren dorthin nicht zurück, sondern tränken die Erde. Sie keimt und sproßt und bringt Samen und dient dem Sämann als Brot und Speise. Das Wort Gottes kehrt nicht erfolglos zu Gott zurück. Es bewirkt, was er will, und führt aus, wozu er es ausgesandt hat« (Jes 55,10–11).

Der Prophet erinnert an die innere Dynamik des Wortes Gottes, das in der Geschichte des Volkes Israel wie in der Geschichte der christlichen Kirchen immer wieder Neues in Gang setzt, Menschen aufweckt, Menschen bekehrt, bewegt und wieder auf den Weg schickt. Er erinnert an die verläßliche Fruchtbarkeit des Gotteswortes. Das Wort der von Gott gesandten Boten kommt wie eine Gabe vom Himmel, wie Regen und Schnee und soll die Erde befruchten. Wachstum aber braucht Wasser und Regen.
Antonius von Padua vermißt den Tau des Heiligen Geistes, der den Samen aufgehen läßt. Regen macht die Erde fruchtbar. Das lebendige Wort Gottes soll Leben wecken. Alle, die wie Werkzeuge Gottes das Wort Gottes auszurichten haben, sollen an die Wirkkraft der Botschaft glauben und sie verläßlich vorstellen.

Unberechenbar

Doch da hat sich ein Fremdkörper eingeschlichen, den der Prophet ausmerzen möchte. Ein Fremdkörper, der deshalb gefährlich ist, weil er so einleuchtend daherkommt. Denn ist es nicht verständlich, daß einer sich gelegentlich auch nach Erfolg und Wirkung seiner Verkündigung und seines Predigtdienstes fragt?
Aber es ist nicht unsere Sache, die Wirkungsgeschichte des Wortes Gottes, das durch uns ausgerichtet wird, abzumessen und abzuwiegen. Es steht uns nicht zu, zu kontrollieren, ob der Same auch so aufgeht, wie wir uns das wünschen und zurechtlegen.
Selbst wenn wir alles geschickt und überzeugend, engagiert und begründet weitersagen, ohne den »Tau des Heiligen Geistes« geht der Same nicht auf. Und wenn er aufgeht, geht er vielleicht anders auf, als wir uns das zusammengedacht und zusammengereimt haben. Auch wenn wir dem Wort Gottes, das wir verkünden und auslegen, noch so sehr persönlichen Nachdruck verleihen, der eigentliche Imperativ liegt in der Sprengkraft des Gotteswortes selber.
Die Geschichte des Volkes Israel und die Geschichte der Kirchen zeigen deutlich, daß Gottes Wort bekehren, Hoffnung gegen alle äußeren Anzeichen wecken, Frieden stiften, ermutigen, befreien, aufweichen und aufbauen kann.
Wir haben uns offenkundig an die allgemein üblichen Methoden

der Erfolgsmessung, der Effizienzkontrolle, der Nutzenrechnung angepaßt. Selbstverständlich müssen wir unsere Kräfte einteilen, Schwerpunkte setzen, vorausdenken und auch planen. Man kann auf Dauer nicht das Leben einer christlichen Gemeinde nur dem erhofften prophetischen Wind überlassen. Selbstverständlich hat manche Enttäuschung und Resignation ihre Wurzel in Ungeschicklichkeit oder Unklugheit, Ungeduld oder Borniertheit. Selbstverständlich trifft das lebenspendende und lebenweckende Wort Gottes oft auf taube Ohren, harte Herzen, auf Gewöhnung und Versteinerung.
Die Wahrscheinlichkeit aber steht dafür, daß das verläßliche Wort Gottes mehr in Bewegung bringt, ermutigt, ansteckt, einlädt und Bekehrung bewirkt als resigniertes, müdes Weinen und Wehklagen über die schlimmen Verhältnisse. Das Reich Gottes bricht nicht dort ein, wo Klagelieder gesungen, sondern dort, wo das Wort Gottes verkündet und mit bereiten Herzen aufgenommen wird.
»Ist nicht mein Wort wie Feuer – Spruch des Herrn – und wie ein Hammer, der Felsen zerschmettert?« (Jer 23,29)
»Mein Wort kehrt nicht erfolglos zu mir zurück, sondern bewirkt, was ich will, und führt aus, wozu ich es sende« (Jes 55,11).
Die Botschaft vom wirkenden Wort Gottes steht gegen zementierte Köpfe und gegen verhärtete Herzen. Sie macht denen Hoffnung, die sich in den Dienst an diesem Wort gestellt haben.

FÜRBITTEN

Wir wenden uns dem lebenspendenden Gott zu, der durch sein Wort unter uns wirkt:

- Bewahre die Verkünder des Evangeliums vor Mißmut und Enttäuschung, damit sie überzeugend dein Wort weitersagen können.
- Bewahre die Christenheit vor Hartherzigkeit und Stumpfsinn, damit dein Wort unter uns ankommen kann.
- Bewahre die Bedrängten und Verfolgten vor Hoffnungslosigkeit und Entmutigung, damit auch sie die gehorsame Antwort auf dein Wort finden.

- Bewahre unsere Gemeinde vor Leichtsinn und Leichtfertigkeit, damit der Same des Wortes aufgeht und unter uns vielfältige Frucht bringt.

Erhöre also unsere Bitten, laß dein Wort unter uns wirksam sein durch Christus im Heiligen Geist. Amen.

Anton Bauer

Zufrieden mit Gott?

Erste Fastenwoche: Mittwoch

BUSSELEMENT

Gott, du gehst uns nach mit deiner Liebe.
Doch wir suchen, dir zu entkommen.
Herr, erbarme dich.

Gott, du bist unberechenbar in deiner Barmherzigkeit.
Doch wir versuchen, dich festzulegen.
Christus, erbarme dich.

Gott, du bist die Antwort auf all unsere Fragen.
Doch wir haben aufgehört, dich zu fragen.
Herr, erbarme dich.

SCHRIFTTEXT

Jona 3,1–10

PREDIGT

Schlecht ergeht es Jona, dem Gott begegnet war und der immer wieder vor diesem Gott geflohen ist. Bis nach Tharsis – nach jüdischer Auffassung das Ende der Welt – wollte er fliehen.
Doch er entkommt ihm nicht.
Ins Meer wurde er geworfen, vom Fisch verschlungen.
Doch er entkommt ihm nicht.
In die assyrische Stadt Ninive wird er gesandt. Dort predigt er seinen Gott. Das Strafgericht seines Gottes. Ganz und gar zerstört werden soll die Stadt, wenn die Menschen nicht umkehren. Doch Gott hält sich nicht an das, was er Jona auftrug. Ihn erbarmt des Volkes. Seinen eigenen Propheten aber beglaubigt er nicht.
Ist Jona ein falscher Prophet?
Jona will nicht mehr leben.
Wie seine Geschichte weitergeht, können wir in der Bibel nachlesen.
Ist Gott einer, dem wir nicht entkommen können?
Ist Gott einer, der unberechenbar ist?

Ja, keine und keiner kann Gott entkommen,
weil er/sie sich selber nicht entkommen kann.
Ich bin die Tür zu ihm. Er ist die Tür zu mir.
Sein Auftrag an mich ist: Ich soll immer mehr Mensch werden!
Meine Menschwerdung geschieht dadurch, daß ich mich von ihm senden lasse. Mir ergeht es nicht anders als Jona. Doch das Ergebnis dieser Sendung ist immer ungewiß. Gott ist immer größer als der Gesandte. Und: Wir Menschen sind uns selber immer ungewiß, ist doch auch unser Gott uns Menschen immer ungewiß, weil er immer größer ist, als wir es uns vorstellen, erdenken und »erglauben« können.
Auch wenn es mir oft zum »Davonlaufen« ist, darf ich mir und meinem Gott nicht davonlaufen.
Standhalten! Aushalten!
Auch wenn ich glaube,
ich würde meinen Gott und meinen Auftrag kennen.
Vorsicht ist angesagt, Gott kann jederzeit anders handeln.
Ist er doch der »ganz andere«.
Jenseits meines Denkens.
Jenseits meines Fühlens.
Jenseits meines Handelns.
Und doch in mir.
Und doch kann ich in ihm sein.
Denn er ist »alles in allem«.
Kann ich so Gott Gott sein lassen?
Ladislaus Boros ermuntert uns zu fragen, ob wir mit Gott zufrieden seien: »Da entscheidet sich alles! Bin ich zufrieden, daß er mich so erschaffen hat, wie ich bin?
Bin ich zufrieden, daß er mich hineingeschickt hat in dieses Leben?
Bin ich zufrieden, daß er mich nie in Ruhe läßt?
Bin ich zufrieden, daß er mir einen solchen Erlöser, eine solche Kirche, solche Menschen gesandt hat?
Man muß wirklich viel gebetet haben, bis man – fast gegen das eigene Herz aussprechen kann: Ich bin mit dir zufrieden, mein Gott!
Ich danke dir, daß du bist,
und daß du so bist, wie du bist.«

Wann beginnen wir mit unserem Beten?
Mit unseren Fragen?

GEBET

Du bist ein wunderbarer, liebevoller Gott.
Du regierst uns wunderbar und freundlich.
Du erhöhst uns, wenn du uns erniedrigst.
Du machst uns gerecht, wenn du uns zu Sündern machst.
Du führst uns gen Himmel, wenn du uns in die Hölle stößt.
Du gibst uns Sieg, wenn du uns unterliegen läßt.
Du tröstest uns, wenn du uns trauern läßt.
Du machst uns fröhlich, wenn du uns heulen läßt.
Du machst uns singen, wenn du uns weinen läßt.
Du machst uns stark, wenn wir leiden.
Du machst uns weise, wenn du uns zu Narren machst.
Du machst uns reich, wenn du uns Armut schickst.
Du machst uns zu Herren, wenn du uns dienen läßt.

(Nach Martin Luther)

Rainer Bareis

Beten

Erste Fastenwoche: Donnerstag

BUSSELEMENT

Siehe, Herr, ich bin wie ein leeres Gefäß, fülle es!
Ich bin schwach im Glauben, stärke mich!
Ich bin kalt in der Liebe, laß mein Herz brennen!
Laß meine Liebe herausströmen auf meinen Nächsten.
Ich habe keinen festen und starken Glauben,
ich zweifle zuweilen
und kann dir nicht völlig vertrauen.
Ach, Herr, hilf mir.
Mehre meinen Glauben,
laß mich dir vertrauen.
Ich bin arm.
Doch du bist gekommen,
dich der Armen zu erbarmen.
Ich bin ein Sünder, du bist gerecht.
Ich leide an der Sünde,
in dir ist die Fülle der Gerechtigkeit.
Ich bleibe bei dir;
denn von dir darf ich nehmen
und muß nicht geben.

(Nach Martin Luther)

SCHRIFTTEXT

Est 4,17k–t

PREDIGT

Ester, Königin und Jüdin, bittet ihren Mann Artaxerxes, Perser und König. Sie will eine Judenverfolgung, die durch Hofintrigen heraufbeschworen werden soll, abwenden. Bevor sie zu ihrem Mann Artaxerxes geht, betet sie zu ihrem Gott.
Fremd mutet es uns Heutige an, jemanden so intensiv, so flehentlich Gott für ein ganzes Volk zu bitten hören. Unsere Gottes-

verehrung und unser Gebetsverhalten hat sich viel eher individualisiert.
Wenn ich krank werde, kann ich wieder - für mich - beten.
Wenn ich um etwas bitte, kann ich - für mich - beten.
Wenn ich einen Menschen liebe, kann ich - auch für mich? - für ihn beten.
Allenfalls in den Fürbitten taucht etwas von einem universalen, die ganze Welt umspannenden Glauben auf. Müssen wir nicht unser Glaubensverständnis prüfen? Ist die Welt vielleicht so »gottlos«, weil unsere Gebete so »weltlos« geworden sind? Und beten ist ja nicht nur »plappern«. »Die Praxis Gottes drängt uns in die Praxis« (H. U. von Balthasar).
Wenn wir uns so »privatistisch« verhalten, haben wir einen wesentlichen Zug Jesu vergessen. Sein Denken und Handeln umkreiste nicht sich selber. Sein Denken und Handeln umkreiste auch nicht den Splitter im Auge des andern. Jesu erster Blick galt immer dem Leiden und dem Leid des Menschen, der ihm gerade begegnete. Johann Baptist Metz schreibt: »Aus einem leidempfindlichen Christentum wurde zu sehr ein sündenempfindliches.«
Wäre nicht das Leid und das Leiden der Menschen der »richtige Stoff« für unsere Gebete? Würde uns ein solches Beten nicht von uns selber befreien? Der Dalai Lama sagt einmal: »Die hauptsächliche Ursache für das Leid ist das egoistische Verlangen nach eigenem Glück und Wohlergehen.«
Wenn wir »richtig« an Gott glauben könnten, bräuchte unser Glaube nicht so sehr um uns und unser Begehr zu kreisen. Wir wären der Sorge um uns und unsere Interessen enthoben. Wenn wir »richtig« an Gott glauben könnten, könnten wir uns von uns ab- und unseren Nächsten zuwenden.
Wenn wir »richtig« an Jesus Christus, den Gottes- und den Menschensohn, glauben könnten, könnten wir im Geringsten und im Leidenden vor allem ihn erkennen, der uns Heiland sein will und der einmal unser Richter sein wird. Es ist beunruhigend, wie ruhig uns das vielfältige Leid, das in unserer Welt herrscht, läßt. Dem fremden Leid gegenüber müde und gleichgültig geworden, der Sorge um unser eigenes Glück ausgeliefert, brauchen wir manchmal aufrüttelnde Worte, solche wie Christa Peikert-Flaspöhler sie in einem Text formuliert:

NIE

Nie, hörst du,
nie
darf das Ende der Träume
kommen,
der brennenden Sehnsucht
nach einer gerechteren Welt.
Nie, hörst du,
nie
sind wir davon ausgenommen
über unser Brot,
unsre Freiheit hinauszufragen.
Gott –
ein Vertrauter und Fremder
hält
nicht den Ausgleich fest
als sein unantastbares Vorrecht
in ewigen Tagen.
Nie, hörst du,
nie
dürfen uns das eigene Glück,
unser kleiner Friede genügen
an der Naht
von Willkür, Elend
und Sinnlosigkeit.
Nie
dürfen wir uns dem Druck
der Jahrhunderte fügen
und
mit frommen Sprüchen
vom Handeln befreit
unbehelligt Gott
und die Hilflosigkeit
betrügen.

(Christa Peikert-Flaspöhler)

GEBET

Gott, wir bringen unser Gebet vor dich,
die Not und Verzweiflung der Menschen,
die Trauer und Einsamkeit,
die Krankheit und den Schmerz.
Wir bringen vor dich
alle Menschen,
die schwer an ihrem Leben tragen.
Wir bitten dich für sie, und
wir bitten auch für uns selbst.
Füreinander wollen wir dich bitten.
Miteinander wollen wir dich loben
und dir danken für deine Gegenwart.
Denn als dein Volk sind wir von dir gerufen:
Gemeinsam bringen wir unser Gebet
und preisen dich
mit deinem Sohn Jesus Christus,
der unser aller Bruder und Herr ist. Amen.

Rainer Bareis

Neu beginnen

Erste Fastenwoche: Freitag

BUSSELEMENT

»So spricht Gott der Herr: Wenn der Schuldige sich von allen Sünden, die er getan hat, abwendet, auf alle meine Gesetze achtet und nach Recht und Gerechtigkeit handelt, dann wird er bestimmt am Leben bleiben und nicht sterben« (Ez 18,21).

Herr, unser Gott, wir werden vor dir, vor den andern und vor uns selber schuldig, immer wieder. Weil wir oft die Kraft nicht mehr haben, das Schuldhafte, Zerstörerische und Zerbrochene wieder zu heilen, brauchen wir dein Erbarmen.
»Erbarme dich, erbarm dich mein, Herr« (GL 164,1)

Herr, unser Gott, wir tragen in uns oft die Last und Mühe einer Schuld, für die wir keine Verantwortung tragen. Verstrickt in die schuldhaften Geschichten unserer Familien brauchen wir dein Erbarmen.
»Erbarme dich ...« (GL 164,2)

Herr, unser Gott, wir tragen in uns das Ideal eines rechtschaffenen Lebens und werden doch den eigenen Visionen untreu. Mit all unseren Bemühungen um Recht und Gerechtigkeit sind wir oft überfordert und brauchen dein Erbarmen.
»Erbarme dich ...« (GL 164,3)

SCHRIFTTEXT

Ez 18,21–28

PREDIGT

In der gesamten Bibel geht es immer um die Geschichte Gottes mit uns Menschen und um unsere eigene Menschwerdung.
Wir sind am Ende des 6. Jahrhunderts vor Christus. Ezechiel ist in Babylonien. Dort versucht er seinem Volk, das im Exil leben muß, neue Hoffnung, neue Wege zu zeigen. Bei seinen Volksangehörigen jedoch findet er nicht immer nur Zustimmung.

In dem Text, der dem unseren vorausgeht, sprengt er die Fessel der kollektiven Schuld.
Schuld wird nicht vererbt. Auf mich, der ich jetzt gerade lebe und der ich jetzt gerade handle, auf mich kommt es an.
Das hören seine Mit-Exilanten nicht gerne. Einfach ist es oft, wenn ich für die Schuld meiner Vorfahren »büßen« darf; denn dann liegt die Schuld nicht bei mir. In unserem Text sprengt Ezechiel eine andere »Schuld-Fessel«.
Muß ich alles, was ich in meinem bisherigen Leben falsch gemacht habe, wo ich in meinem bisherigen Leben »Schuld« auf mich geladen habe, muß ich das mein ganzes Leben hindurch mit mir herumschleppen? Kann ich der Fesselung durch die Summe all meiner bisher vollbrachten Taten nicht entgehen?
Ezechiel sagt uns: Du kannst all dem entgehen! Du kannst jederzeit neu beginnen! Dir wird immer ein Neuanfang geschenkt! Gib deine Antwort auf Gottes Anruf! Auf dich kommt es an! Nur auf dich! Du bist nicht auf immer und ewig an dich und an dein Gewordensein gebunden.
Gott legt nicht fest. Er will uns helfen, damit wir immer mehr Mensch werden können. Ich soll und kann verantwortlich leben. Nur das wird von mir verlangt.
Thomas Merton, der verstorbene Trappisten-Mönch aus Kentucky, der ein Grenzgänger zwischen Christentum und Buddhismus war, sagt uns: »Nur wenn wir volle Verantwortung für unsere Welt, für unser Leben und für uns selbst übernehmen, läßt sich von uns zu Recht behaupten, daß wir wirklich vor Gott leben.«
Ist das, wenn wir es von der Wurzel her betrachten, nicht das Ziel unseres menschlichen Lebens überhaupt: Vor Gott leben? Beginnt da nicht schon ein Stück »Himmel«? Wir Menschen haben von Gott alle Möglichkeiten bekommen. Aber wir müssen wählen.
Bei Pico della Mirandola, der 1494 gestorben ist, las ich die Worte: »In die Mitte der Welt hat Gott den Menschen gesetzt, ohne festen Sitz, ohne eigene Gestaltung, ohne besondere Verrichtung, wie er sie allen Geschöpfen zugeteilt hat. Nicht irdisch noch himmlisch ist der Mensch geschaffen; er kann zum Tier entarten, er kann zum Himmel aufsteigen; alles liegt einzig und allein an seinem Willen. Dem Menschen ist es gegeben zu besitzen, was er sich wünscht, zu sein, was er will.«

Es liegt an uns: wir müssen eine Entscheidung treffen.
Genau das will Ezechiel seinen Schwestern und Brüdern, die mit ihm im Exil sind, sagen.
Genau das ist seine Botschaft an uns.

GEBET

Lebenstage

Der du unsere Lebenstage kennst
und ihre Freude, ihre Leere,
ihre lange Dauer –
der du hinter allem Tod
verborgen bist, der Lebende,
gedenke unser hier –
der keinen Namen je vergißt,
kein Menschenkind verachtet,
gedenke unser und segne uns.
Geh nicht weg aus dieser Welt,
wir werden niemals Menschen werden,
wenn du uns nicht lenkst.
Überlaß die Menschen nicht einander,
Palästinenser und Juden,
Zionisten und Araber,
Weiße und Schwarze,
Hungrige und Gesättigte,
Arme und Reiche.
Der du der Ursprung bist
von allem Guten, das getan wird:
sei in unserem Herzen, in unserer Seele,
in unserem Verstand;
daß wir vielleicht imstande sind,
das ärgste Leid
etwas zu mildern,
daß wir ein Gegengewicht
gegen die Verzweifelten sind;
daß alle, die sich Menschen nennen,
nicht fortfahren mit der Verwüstung

dieser Erde,
mit der Jagd auf Menschen, mit dem Mord.
Laß leuchten über uns dein Angesicht
und gib uns Frieden.
Gedenke deiner Menschen,
damit sie nicht umsonst geboren sind.

(Huub Oosterhuis)

Rainer Bareis

Bürgerinnen und Bürger seines Reiches

Erste Fastenwoche: Samstag

BUSSELEMENT

Gott, in deinen Bund hast du uns berufen. Mit uns willst du deinen Weg gehen. Warum nur glaube ich dir so wenig?
Herr, erbarme dich.
Christus, erbarme dich.
Herr, erbarme dich.

Gott, du gibt uns Hoffnung auf unserem Weg durch die Zeit. Warum nur verzweifle ich so oft an mir und dem Sinn meines Lebens?
Herr, erbarme dich.
Christus, erbarme dich.
Herr, erbarme dich.

Gott, mit deiner Liebe willst du uns nahe sein. Warum nur gebe ich deine Liebe nicht weiter?
Herr, erbarme dich.
Christus, erbarme dich.
Herr, erbarme dich.

SCHRIFTTEXT

Dtn 26,16–19

PREDIGT

Jahwe schließt mit Israel einen Bund. Einen Bund können eigentlich nur zwei gleichwertige Partner miteinander schließen. Mit diesem Bundesschluß und all den anderen, die unserem Bundesschluß vorausgingen und auch noch kommen werden, sagt sich Gott Israel zu, und Israel sagt sich Gott zu.
Auf der einen Seite ist Jahwe, der heilig ist und der keine anderen Götter neben sich duldet.
Auf der anderen Seite ist das Bundesvolk, die Israeliten.
Der Alt-Testamentler Fridolin Stier sagt einmal von einem solchen Bundesschluß: »Was für ein König! Und was für ein Volk!

Ausreißer, ein Haufen Gesindel dabei, keine ›Elite‹, keine ihrem Gott und ihrem Führer fanatisch folgende Schar; jeden Augenblick zum Aufruhr bereit, Brot und Fleisch ihre Sorge, sattes und sicheres Leben ihr Begehr.«
Menschen wie wir?
Aber trotzdem sind diese Menschen, diese Israeliten »heilig«. Sie sind »heilig«, weil sie auf Gott hingeordnet sind. Aus dieser Gottesbeziehung können sie, die »Urbürger des Reiches Gottes« (F. Stier), nicht herausfallen.
Nie hat Israel seinen Gott gesehen. Doch verlangt er die ganze Liebeskraft seines Volkes. Kein Bild gibt es von ihm. Dennoch ist er seinem Volk ganz nahe. Niemand soll ihn leichtfertig anrufen. Dennoch ist er hilfreich da. Das ist der Gott Israels.
In dem Bund, den wir den »Neuen Bund« nennen, wird dieser Gott konkret. Greifbar, faßbar, hörbar. In der Menschwerdung Jesu bekommt dieser Gott »Hand und Fuß«. Dieser Bund ist sein neues Angebot an uns.
So wie wir sind, können wir zwar nicht zu »Urbürgern des Reiches Gottes«, doch immerhin zu »Bürgern des Reiches Gottes« werden.
Bürger eines Reiches, das »außerweltlich« ist und doch in unsere Welt hineinragt.
Bürger eines Reiches, das »innerweltlich« ist, und doch über diese Welt hinausragt.
So sind wir in dieser Welt beheimatet und haben doch in ihr keine Heimat.
»Dem Christen ist jede Heimat Fremde und jede Fremde Heimat«, sagt der frühchristliche Schriftsteller Diognet. Heimat will Gott für uns sein.
Er ist – und das ist die Erfahrung Israels – ein mitziehender Gott.
Er ist – und das ist die Erfahrung vieler kranker und leidender Menschen – ein mitleidender Gott.
Gerade in meiner unheilvollen Situation will er mich ansprechen, will er mich auf den Weg rufen. Er will Entwicklung und bejaht meinen Weg. »Als mitziehender Wegbegleiter, der Führung und Geleit auch bei Versagen und Irren nicht aufkündigt, akzeptiert Gott den Menschen als ›Mensch im Werden‹, einschließlich aller dazu notwendigen Veränderungen, Entwick-

lungen, Umwegen und Stationen« (H. Fischedick). Angst kann schwinden. Vertrauen kann wachsen.

GEBET

Aus den Dörfern und Städten
sind wir unterwegs zu dir.
Aus den Tälern und Bergen
sind wir unterwegs zu dir.
Mit leidenden Brüdern
sind wir unterwegs zu dir.
Mit lachenden Kindern
sind wir unterwegs zu dir.
Als Bauleute des Friedens
sind wir unterwegs zu dir.
Als Boten der Gerechtigkeit
sind wir unterwegs zu dir.
Als Zeugen deiner Liebe
sind wir unterwegs zu dir.
Als Glieder deiner Kirche
sind wir unterwegs zu dir.
Wenn wir das Brot teilen,
sind wir unterwegs zu dir.
Wenn wir die Schwachen stützen,
sind wir unterwegs zu dir.
Wenn wir für die Verfolger beten,
sind wir unterwegs zu dir.
Wenn wir das heilige Opfer feiern,
sind wir unterwegs zu dir.

(Aus einem lateinamerikanischen Kirchenlied)

Es kann im Wechsel gebetet werden.

Rainer Bareis

Über das rechte Maß

Zweite Fastenwoche: Montag

BUSSELEMENT

Wie ein Mensch zu Menschen, so stellst du dich zu uns, guter Gott. Du nimmst uns an der Hand, fürsorglich und liebevoll. Verbohrt in uns selbst, eingesponnen in selbstsüchtiges Denken, schotten wir uns ab. Deine Nähe ist uns zu nah. Deine Liebe macht uns Angst. Und doch spüren wir, daß wir dich brauchen.
GL 160 »Bekehre uns, vergib die Sünde«

Wie oft haben wir uns selbst zum Richter aufgespielt, über Freunde, Kollegen und Nachbarn. Jesus sagt: Richtet nicht, dann werdet auch ihr nicht gerichtet werden. Auch wir sind Sünder, auch wir haben versagt.
GL 160 »Bekehre uns, vergib die Sünde«

Gott, wir rechnen zu wenig mit dir und deinem Sohn; oft sind uns andere Dinge wichtiger, nehmen uns ganz in Beschlag. Wenn wir gefesselt sind und wichtig und unwichtig nicht mehr unterscheiden können, dann spüren wir, daß es Zeit ist, umzukehren, Zeit, das Maß unseres Lebens in Jesus Christus neu zu beginnen.
GL 160 »Bekehre uns, vergib die Sünde«

Es erbarme sich unser der gute Gott; er verzeihe uns unsere Schuld und führe uns heraus aus allem, was versklavt. Auf dem Weg, der Jesus Christus ist, führe er uns zu einem neuen und ewigen Leben. Amen.

oder

GL 168 »O Herr, nimm unsre Schuld«

SCHRIFTTEXT

Lk 6,36–38

PREDIGT

»It's all great« – sagen die Amerikaner. Zumindest die paar, die ich kenne. Mir macht ein solcher Spruch vor allem meine eigene Kleinheit bewußt. Keineswegs ist in meinem Leben alles »great«, üppig, mega-mäßig, exorbitant. Von wegen Übermaß, also bitte! Maßhalten ist angesagt, und die Bemessungsgrenze setzt zumeist das eigene Unvermögen. Dabei würde ich ganz gerne ab und zu die eigene Grenze überspringen, mein Mittelmaß einfach hinter mir lassen. Ganz ehrlich: Wer wollte das nicht? Sich durch besondere Fähigkeiten von der Masse der Durchschnittsbürger abheben, durch eine ganz eigene Ausstrahlung zum Anziehungspunkt für andere werden – ein verständlicher Wunsch.
Und dennoch hege ich sehr viel Sympathie für ein gut gewogenes Mittelmaß. Ich schätze die Zuverlässigkeit der Bäcker und Fleischer, der Ingenieure und Lehrer, der Zeitungsausträger und Postboten, der Unzähligen, die täglich ihren Dienst tun, ohne jemals dafür in die Schlagzeilen zu kommen. Oder ist das vielleicht gar kein »Mittel«-Maß, wenn »jeder gibt, was er hat«, wenn jeder und jede seine und ihre vorhandenen Begabungen nutzt, zum Wohle aller?

»Gebt, dann wird auch euch gegeben werden«

Es sind oft die kleinen Dinge, die den Alltag zum Leuchten bringen. Der Schalterbeamte, der auch nach mehrmaligem Nachfragen noch geduldig und freundlich Auskunft gibt, der Arbeitskollege, der für einen anderen einspringt, sie beschenken ihre Mitmenschen. Wenn das nicht Medizin ist, gegen die Montagskrise! Es gibt Menschen, die sind einfach wohltuend, obgleich sie nichts besonderes tun. Das zumindest darf auch von uns Christen erwartet werden. Seid wohltuend, seid barmherzig, richtet nicht, verurteilt nicht. Gebt – gebt Brot den Hungrigen, Liebe den Nächsten, Freude dem, der trauert, Hoffnung dem, der ohne sie ist. In einer seiner »Leichenreden« blickt der Pfarrer und Schriftsteller Kurt Marti zurück auf das Leben einer einfachen Frau. Die Bilanz, die er zieht, ist tröstlich, auch im Blick auf mein eigenes Leben:

sie hat nicht von sich reden gemacht
sie war in keinem verein
sie wurde geboren
besuchte die schule
welschland wie üblich
coiffeuse sodann
sie heiratete später
gebar ihm zwei kinder
verlor ihn wieder und war wie man sagt
eine gute gattin und mutter

aber wer spricht
von der lustigkeit ihrer augen
wer redet davon
wie wohl es uns tat
nur schon die anmut zu sehen
mit der sie das haar aus der stirne sich strich
oder wer erklärt die magische kraft ihrer einfachen worte
und wer beschreibt den beweglichen zauber der kleinen tüchtigen hände
oder wer lobt gott für das geschenk ihres herzhaften lachens?

sie hat nicht von sich reden
sie hat zwei oder drei männer
sie hat ihren gatten
sie hat ihre kinder
sie hat sich selber
glücklich gemacht

und das ist mehr
als wir denken

(Kurt Marti)

GEBET

Mit dir, Gott, überspringen wir unsere Grenzen.
Mit dir, Gott, finden wir unseren Weg.
Du machst uns Mut, zu gehen.
Du führst uns und nimmst uns in Schutz.

Laß auch uns in Schutz nehmen, die, die niemand mag, die, die nicht zurechtkommen. Laß uns wie du befreiend sein, wohltuend und erlösend für andere. Manchmal bemitleiden wir uns selbst, reden davon, wie schwer wir es haben. Schenk uns das Gefühl für Glück, den Dank und die Freude an deiner Schöpfung. Laß uns nicht klagen, sondern teilen, mit denen, die brauchen, was du uns gibst: unser Können, unsere Zeit, unser Zuviel, unsere Freude und unseren Ernst, unser verstehendes Zuhören, oder unser Reden und Lachen, das befreit.
Gott, zerstöre die Maßstäbe, die unsere Sinne beschränken! Wir möchten größer sein und der Liebe Raum geben. Amen.

Suse Mandl

Wären eure Sünden rot wie Scharlach

Zweite Fastenwoche: Dienstag

»Wir haben Gründe, mit der roten Farbe behutsam umzugehen. Sie tritt im gleitenden Strome des Lebens spärlich hervor, aber erglüht in den Spannungen. Sie deutet das Verborgene und das zu Verbergende oder zu Hütende an, insbesondere das Feuer, das Geschlecht und das Blut. [...] Das seltsame Doppelspiel, das die Welt der Symbole belebt, bringt es mit sich, daß diese Farbe zugleich drohend und anreizend wirkt.«

(Ernst Jünger)

BUSSELEMENT

Rot ist nicht weiß. Rotglühendes Scharlach auf der Haut kann nicht schneeweiß sein. Und das purpurfarbene Gewand kann nicht aussehen wie weißgebleichte Schurwolle. Aber das Unmögliche wird verheißen: Ich mache rot wieder weiß – spricht Gott. Das blutgetränkte Gewand wird weiß,und die glühende Haut wird rein. Darum fordert er auf: »Kommt her, wascht euch, reinigt euch!« Im Zeichen des Wassers erbitten wir Vergebung. Im Zeichen des Wassers erinnern wir uns an den Anfang, den Gott in unserer Taufe mit uns gemacht hat.

Besprengung mit Wasser, dazu
GL 173,2 »Wer nicht von neuem geboren wird, kann Gottes Reich nicht schauen« mit GL 85,3 »Erbarme dich meiner, o Gott« (Psalm 51)

SCHRIFTTEXT

Jes 1,10.16–20

PREDIGT

Darf Gott drohen?

Darf sein Wort ein Drohwort sein? Keinem Propheten und keinem unter seinen frommen oder gottlosen Adressaten wäre diese Frage je gekommen. Gott droht. Keinem Sterblichen steht das Urteil zu, ob er das darf oder nicht. Gott droht. Der Fromme mag sich von seinem Drohwort herausfordern lassen, der Gottlose mag darüber hinweggehen. Gottes Wort ist durchaus ein Drohwort. Sein Drohwort kommt schwer aus dem Mund des Propheten. Die gefälligen Worte hört man von den falschen Propheten.

Wem droht er?

Er droht den vermeintlich Frommen, nicht denen, die es ohnehin schon schwer genug mit sich und den anderen haben. Er droht den Einflußreichen – nicht denen, deren Meinung ohnehin nicht zählt. Er droht den Vornehmen – nicht denen, die zuunterst in der Sozialordnung stehen. Er droht denen, die Recht zu sprechen haben – nicht denen, die ihnen ausgeliefert sind.

Gott droht

Wie könnte er nicht drohen, da sein Volk ins Verderben rennt. Wie könnte er das Drohwort bei sich behalten, da kein anderes Wort mehr gehört wird? Nichts hat gefruchtet – nicht das geduldige Zureden, nicht das liebevolle Werben, nicht die Zeichen, nicht das Aufrufen der glücklichen gemeinsamen Geschichte. Wo die frohe Botschaft nicht gehört wird, muß man die drohende Botschaft hören.

Warum drohen?

Gott droht nicht, um sich zu bewahren. Er droht, um sein Volk zu bewahren.
Gott droht nicht, um sich zu schützen. Er droht, um die Armen zu schützen.
Gott droht nicht, um sich ins Gespräch zu bringen. Er droht, damit die gerechte soziale Ordnung wieder zum Thema wird.
Gott droht nicht, um irgend etwas für sich zu gewinnen. Er droht, damit die Menschen ihr Heil nicht verlieren.

Das innerste Wort der Liebe kommt zum Äußersten in der Drohung

Das äußerste Wort ist ein Drohwort. Es ist nicht wahr, daß dieses Drohwort nicht zu ihm passen würde. Sein innerstes Wort ist das zärtliche Wort der Liebe. Wo aber dieses innerste Wort der Liebe ohne Anwort bleibt, da muß es an sein Äußerstes gehen und drohen. Ein Wort, das rettet, ein Wort, das heilt, ein Wort, das wendet, ein Wort, das bewahrt, ein Wort, das unterbricht, ein Wort, das verstört – kann durchaus ein Drohwort sein, muß es manchmal sein. Wer von den Mächtigen unserer Welt hat sich je von einem anderen Wort beeindrucken lassen als von einem Drohwort. Und wer von uns Selbstmächtigen im Leben bräuchte nicht hin und wieder das bedrohliche Wort, das unsere Selbstgefälligkeit zerreißt?

Frohbotschaft statt Drohbotschaft?

Die Alternative ist falsch. Wer seines Lebens froh bleiben möchte, braucht mitunter das drohende Wort, damit er nicht unversehens ins Unglück rennt. Kein Kind wird seines Lebens froh, wenn es nicht – sanft oder gewaltsam – vor dem Verderben bewahrt wird. Das zumindest ist genauso wahr, wie es wahr ist, daß ein Mensch hin und wieder die schlimmen Folgen seines Handelns erleben muß und nicht davor bewahrt werden kann. Könnten Väter und Mütter froh bleiben, wenn sie nicht das Letzte, das Äußerste versucht hätten durch Zureden und durch Drohen, um ihre Kinder vor dem Unheil zu bewahren? Es mag alles in Gott geben – Leidenschaft, Liebe, Schmerz, Zorn – nur Gleichgültigkeit gibt es nicht. Wie könnte ein Liebender gleichgültig zuschauen, wenn seine Geliebte ins Unglück gerät?
»Wenn ihr aber trotzig seid« – der Drohende will bewahren –, »werdet ihr vom Schwert gefressen.« Muß es denn so weit kommen?

FÜRBITTEN

Groß sind deine Taten, Herr, und gewaltig ist deine Macht. Dich rufen wir an:

- Man erzählt von dir, Herr, daß dein Drohen die große Stadt Ninive vor Untergang und Verderben bewahrt hat. Die Bewohner von Ninive kehrten um, da gereute dich das angedrohte Unheil. (Jona 3)
  Darum bitten wir: Drohe mit deinem mächtigen Wort all denen, die Haß säen, Gewalt üben und aus dem Unrecht Gewinn ziehen. Und bewahre ihre Opfer in deiner schützenden Hand. (Herr, erbarme dich. – Herr, erbarme dich.)

- Man erzählt von dir, Herr, wie du mit Feuer und Schwefel das Gericht an Sodom und Gomorra vollzogen und alles Lebendige ausgelöscht hast. (Gen 19,23ff)
  Darum bitten wir: Bewahre die Menschen vor der zerstörenden Urgewalt der Natur und hilf uns, deine Schöpfung zu schützen und zu pflegen.

- Dein Volk, Herr, klagt, daß du getan, was du geplant hast und daß du deinen Drohspruch vollzogen hast. (Klgl 2,17)
  Darum bitten wir: Vollziehe an uns nicht dein Gericht, laß uns die Zeichen der Zeit verstehen, und gib uns die Kraft zur Umkehr.

Gott, du sinnst Pläne des Heiles und nicht des Verderbens. Mach uns und alle Menschen würdig, dein Heil zu empfangen. Darum bitten wir durch Christus, unseren Herrn. Amen.

Anton Seeberger

Gib du, Herr, acht auf mich

Zweite Fastenwoche: Mittwoch

»Unter allen Propheten Israels hat nur Jeremia dieses verwegene und fromme Lebensgespräch des unbedingt Unterlegenen mit dem unbedingt Überlegenen aufzuzeichnen gewagt – so sehr ist der Mensch hier Person geworden. [...] Der Mensch kann reden, er darf reden; wenn er nur wirklich zu Gott redet, gibt es nichts, was er ihm nicht sagen darf.«

(Martin Buber)

BUSSELEMENT

Der Gott des Lebens gönnt uns Menschen das Gute. Aber sein Segen bricht sich an der Verschlossenheit, an der Gleichgültigkeit und an der Überheblichkeit der Menschen. Darum wird uns am Anfang dieser Feier das Wort Gottes im Wort des Propheten Jeremia zugesprochen, als Segenswort und als Fluchwort. Bitten wir darum, daß das Segenswort in uns wahr wird.
»Hört auf die Stimme des Herrn, verschließt ihm nicht das Herz« (GL 529,5)

Uns ist gesagt:
Gesegnet der Mensch, der auf den Herrn sich verläßt
und dessen Hoffnung der Herr ist.
Er ist wie ein Baum, der am Wasser gepflanzt ist
und am Bach seine Wurzeln ausstreckt:
Er hat nichts zu fürchten, wenn Hitze kommt;
seine Blätter bleiben grün;
auch in einem trockenen Jahr ist er ohne Sorge,
unablässig bringt er seine Früchte. (Jer 17,7f)
»Hört auf die Stimme des Herrn, verschließt ihm nicht das Herz« (GL 529,5)

Uns ist gesagt:
Verflucht der Mensch, der auf Menschen vertraut,
auf schwaches Fleisch sich stützt,
und dessen Herz sich abwendet vom Herrn.
Er ist wie ein kahler Strauch in der Steppe,

der nie einen Regen kommen sieht;
er bleibt auf dürrem Wüstenboden,
im salzigen Land, wo niemand wohnt. (Jer 17,5f)
»Hört auf die Stimme des Herrn, verschließt ihm nicht das Herz« (GL 529,5)

SCHRIFTTEXT

Jer 18,18–20

PREDIGT

Feinde im Äußeren: »Kommt, laßt uns gegen Jeremia Pläne schmieden« (Jer 18,18), Selbstvorwürfe im Inneren: »Weh mir, Mutter, daß du mich geboren hast« (Jer 15,10) und das Gefühl, von Gott mißbraucht zu sein: »Du hast mich betört, o Herr« (Jer 20,7) – das ist das Lebensschicksal des Propheten Jeremia. Der leidenschaftliche Mann gerät außer sich: Er wird hinausgeschleudert in die Dunkelheit der Gottesferne und der Sinnlosigkeit. Und er wird fortgerissen in die schlimmsten Gedanken von Haß, Rache und Vergeltung.
Aber die lähmende Verzweiflung macht ihn nicht stumm, und die brennende Rache reißt ihn nicht zur Vergeltung hin. Jeremia spricht. Und er spricht ohne Rücksicht mit seinem Gott. Das Sprechen bewahrt ihn davor, in der Verzweiflung zu verharren, das Sprechen bewahrt ihn auch davor, die Rache selbst zu vollziehen.
Aber sein Sprechen nimmt grauenhafte Züge an: »Gib ihre Kinder dem Hunger preis«, sagt er, »ihre Frauen werden zu Witwen«, »ihre Männer töte die Pest.« Die heutige Lesung verschweigt das ganze Gebet des Jeremia. Ist das noch Gebet, wenn solche Flüche ausgesprochen werden – fragt man sich. Die eindringliche Bitte: »Gib du, Herr, acht auf mich«, ist nicht ohne Grund: Gott muß acht geben, daß Jeremia nicht von seinen Feinden überwältigt wird. Aber noch mehr muß Gott auf Jeremia acht geben, daß er nicht von seinem eigenen Zorn, von seiner Wut, von seinen Rachegelüsten, von seinem maßlosen Haß fortgerissen wird. Jeremia spricht ohne Rücksicht – klagend und verfluchend. Im Aus-

sprechen vor Gott geschieht Entlastung, im Aussprechen geschieht Wandlung.
Wir haben das Wort Jesu im Ohr: »Liebt eure Feinde, betet für die, die euch verfolgen.« Wir haben es schwer, die Fluch- und Klageworte des Jeremia nachzusprechen. Aber was fangen wir an mit unseren Aggressionen? Wohin mit den Enttäuschungen? Wohin mit der Wut? Wohin mit den Verletzungen? Wohin mit den Verleumdungen? Wohin mit den Anfeindungen? Wohin mit den Überforderungen? Wohin mit all den Gedanken und Gefühlen, die nicht sein sollten, und dennoch da sind – unabweisbar und mächtig?
In den Bekenntnissen des Propheten Jeremia wird es deutlich: »Der Mensch kann reden, er darf reden; wenn er nur wirklich zu Gott redet, gibt es nichts, was er ihm nicht sagen darf.« Sprechen sollen wir zu Gott, alles aussprechen; auch das, was ich keinem Menschen anvertrauen würde oder mich zu sagen traute. In der Menschenseele würde das Ausgesprochene vielleicht auf Erwiderung stoßen. Und das Schlimme könnte die Seele des anderen besetzen und in seinen Bann ziehen. Unsere Gefühle, auch die häßlichsten, dürfen wir ausbreiten vor Gott, sie hin und her bewegen mit der ganzen Kraft, mit der sie uns beanspruchen. Die Menschenseele könnte vom Häßlichen verleitet werden, und Verbrüderung könnte entstehen durch den gemeinsamen Abgrund.
Im Aussprechen der schlimmen Gedanken vor Gott wird der Sprechende bewahrt: bewahrt vor Verbitterung. Verbitterung entsteht, wenn das angetane Leid und die ohnmächtige Abwehr in uns keinen Ausdruck finden. Im Ausbreiten der Empfindungen vor Gott werden wir bewahrt: bewahrt vor der Kraft der Zerstörung, die von innen nach außen drängen und zerschlagen und zerstören will. Menschen, die außer sich geraten, können verheerend wirken.
Außer sich sein ist nicht schlimm, solange der außer Rand und Band Geratene bei Gott ist. Ich glaube, daß dies der Weg ist, der uns vielleicht die Möglichkeit eröffnet, das Wort Jesu wahr zu machen: »Segnet die, die euch verfluchen.« Damit wir dieses Ziel nicht aus den Augen verlieren, ist es notwendig, immer wieder zu sagen: »Gib du, Herr, acht auf mich!«

FÜRBITTEN

Wir rufen Gott, unseren Vater, an, damit wir fähig sind, der Macht des Bösen zu widerstehen:

GL 739,1 »Herr, hilf uns vor dem Bösen, das mächtig uns bedrängt; wir aber bauen auf dein Wort«

– Wir bringen vor dich, unseren Gott,
das erlittene Unrecht;
die Verletzungen, die nicht vergessen werden;
die Konflikte, die im Verborgenen schwelen;
die vorsätzlichen Feindseligkeiten und Benachteiligungen;
die Schmerzen, die aus Gedankenlosigkeit zugefügt werden.
GL 739,1 »Herr, hilf uns vor dem Bösen«

– Wir bringen vor dich, unseren Gott,
den Haß, der sich über Generationen zwischen Völkern angehäuft hat;
das uneingestandene Unrecht zwischen den Volksgruppen, das nach Jahrzehnten und Jahrhunderten seine verheerende Wirksamkeit zeitigt;
die aus nationalen Vorteilen geschürten Feindschaften;
die zermürbenden Benachteiligungen, denen die Minderheiten auf unserer Welt ausgesetzt werden.
GL 739,1 »Herr, hilf uns vor dem Bösen«

– Wir bringen vor dich, unseren Gott,
was in uns selbst unversöhnt ist;
was wir als Lebenslast und -bürde in uns tragen;
was wir einander schuldig geblieben sind;
was uns Schlimmes angetan wurde;
die bösen Gedanken und Gefühle, die in uns stecken.
GL 739,1 »Herr, hilf uns vor dem Bösen«

Gib du, Herr, auf uns alle acht und bewahre uns in deinem Frieden. Darum bitten wir durch Christus, unseren Herrn. Amen.

Anton Seeberger

Welches Leiden quält dich?

Zweite Fastenwoche: Donnerstag

»Die Unglücklichen bedürfen keines anderen Dinges in dieser Welt als solcher Menschen, die fähig sind, ihnen ihre Aufmerksamkeit zuzuwenden.«

(Simone Weil)

BUSSELEMENT

Wir wollen unser Leben ehrlich vor Gott anschauen und darum bitten, daß er die Schuld von uns nimmt:

Vor dem Haus des reichen Mannes lag unbeachtet der arme Lazarus. Auch vor unseren Türen begegnen uns Menschen, die schwer an ihrem Leben tragen. Wir wollen uns fragen:
Sind wir hinter den Türen unseres abgesicherten Lebens noch wach und aufmerksam genug, sie wahrzunehmen und uns von ihrer Not berühren zu lassen?
GL 168,3 »Wir kennen dein Gebot«

Der Reiche kleidete sich in Purpur und feines Linnen. Auch wir umhüllen uns oft mit Kleidern der Gleichgültigkeit und Distanz. Wir wollen uns fragen:
Sind wir hinter diesen Kleidern noch lebendig genug, um die Sehnsucht derer wahrzunehmen, die sich in zerschlissenen Lumpen oder abgetragenen Kleidern für ihre Armut schämen?
GL 168,1 »O Herr, nimm unsre Schuld«

Der Reiche lebte Tag für Tag herrlich und in Freuden. Auch wir sind täglich bemüht, unser Leben interessant und abwechslungsreich zu gestalten. Wir wollen uns fragen:
Sind wir in der Sorge um unser eigenes lustvolles Leben noch empfindsam für all die Menschen, die in Krankheit, Einsamkeit und Verzweiflung jede Freude am Leben verloren haben?
GL 168,2 »Wir trauen deiner Macht«

Sei du, Herr, bei uns mit deiner Achtsamkeit, damit auch wir immer achtsamer füreinander werden. Darum bitten wir durch Christus unseren Herrn und Bruder. Amen.

SCHRIFTTEXT

Lk 16,19–31

PREDIGT

Der Reiche nimmt den Armen nicht wahr

Vor der Tür des Reichen, nicht irgendwo um die Ecke oder gar in einem fremden Land, liegt ein armer Mann namens Lazarus, dessen Leib voller Geschwüre ist. Eigentlich müßte er beim Öffnen der Tür über ihn stolpern. Doch der Reiche nimmt den Armen gar nicht wahr. Drinnen in seinem Haus kleidet er sich in Purpur und feines Linnen, lebt Tag für Tag herrlich und in Freuden. Wahrscheinlich hat er nicht einmal ein schlechtes Gewissen. Der Arme existiert nicht für ihn. Er verjagt ihn nicht einmal.
Die Welt des Armen und des Reichen berühren sich zwar an der Haustür, aber der Reiche hat diese Tür in jeder Hinsicht gut verriegelt. Es ist so, als ob dieser Mensch sein reiches Schlupfloch gar nicht verlassen würde – allenfalls durch die Hintertür, um die Not vor der Tür nicht wahrnehmen zu müssen. Darin besteht seine größte Schuld: daß der Mensch vor seiner Tür es nicht einmal wert ist, seine Aufmerksamkeit zu wecken.
»Die Aufmerksamkeit« – so die französische Philosophin Simone Weil – »ist nicht nur der wesentliche Gehalt der Gottesliebe. Auch die Nächstenliebe, von der wir wissen, daß sie die gleiche Liebe ist, ist aus dem gleichen Stoff gemacht. Die Unglücklichen bedürfen keines anderen Dinges in dieser Welt als solcher Menschen, die fähig sind, ihnen ihre Aufmerksamkeit zuzuwenden. Die Fähigkeit, einem Unglücklichen seine Aufmerksamkeit zuzuwenden, ist etwas sehr Seltenes und sehr Schwieriges; sie ist beinahe ein Wunder; sie ist ein Wunder … Die Fülle der Nächstenliebe besteht einfach in der Fähigkeit, den Nächsten fragen zu können: ›Welches Leiden quält dich?‹«*

* Simone Weil, Aufmerksamkeit für das Alltägliche, Ausgewählte Texte zu Fragen der Zeit, hg. v. O. Betz, München 1987, 65.

Später, in der Unterwelt, wo er nach seinem Tod qualvolle Schmerzen leiden muß, wird der Reiche den Armen plötzlich wahrnehmen, obwohl jetzt ein tiefer, unüberwindlicher Abgrund zwischen ihnen ist. Er nimmt ihn deshalb wahr, weil er jetzt der Bedürftige ist.

Der Arme wird aufmerksam für das Elend des Reichen

Nach einem schmachvollen und unbeachteten Leben vor den Türen der Reichen findet der Arme sich jetzt in Abrahams Schoß. Christine Busta beschreibt in einem Gedicht, wie er langsam erst begreift, daß auch er wahrgenommen wird, und es noch gar nicht glauben kann. Zeitlebens unbeachtet, ist er selbst jetzt wach für die geschundene Kreatur. Auch das Hündlein, das mit ihm den Platz vor der Tür geteilt hat, bekommt einen Platz in Abrahams Schoß. So als ob die Augen der Bedürftigen schärfer, wachsamer wären als die Augen der Satten und Zufriedenen. So als ob die Aufmerksamkeit für den anderen im eigenen Leid geschult würde. Und weil er noch nicht vergessen hat, wie furchtbar es ist, nicht wahrgenommen zu werden, macht er sich in Bustas Gedicht sogar zum Sprecher des Reichen. Jetzt, da seine Augen vom Wasser der Freude überquellen, kann er über das Elend des Reichen nicht hinwegsehen.

»Lazarus mit den Hunden bei Abraham

Langsam erkenn ich dich:
Du bist Abraham, der mich tröstet.
Du bist der wirklich gewordne Verheißne.
Ich hab dich nicht mehr erwartet.
Zeitlebens vor den Häusern der Prasser –
hingekauert auf steinernen Stufen –
hab ich zu glauben und hoffen verlernt.

Ich mache mich schmal in deinem Schoß,
daß auch Platz für die Hündlein bleibt,
die Hunger und Brot mit mir teilten.
Seltsam ist ihre Treue:
Sie knurren nicht, wenn ihre Peiniger

einmal selber im Elend jammern,
sie winseln mit und beginnen wachsam traurig zu wedeln.
Ich habe von ihnen gelernt.

Abraham, du Guter, du hast
meine Tränen gesammelt
und gereinigt vom Salz.
Meine Augen quellen vom Wasser der Freude.
Gib davon auch dem armen Prasser –
den einen Tropfen, nach dem er jetzt schreit.
Er ist so genügsam geworden.
Laß ihn nicht ewig dürsten!
Laß gelten, daß er's erlernt hat!

Ich habe noch nicht vergessen,
wie bitter, wie schrecklich es ist.«

(Christine Busta)

Die Fastenzeit als Zeit der Umkehr könnte unsere Aufmerksamkeit füreinander wachsen lassen. Wir sind nicht darin gefragt, das Elend dieser Welt zu beseitigen. Damit wären wir überfordert. Aber mit unserer Wachsamkeit füreinander könnten wir manche Not lindern, ihr zumindest die Spitze der Unmenschlichkeit nehmen. Wir könnten der Erinnerung an eigene notvolle Zeiten Raum geben, damit wir in unserer Wahrnehmung für fremdes Leid aufmerksamer werden. Und für all die Momente der Achtlosigkeit dürfen wir darauf hoffen, daß jemand sich unser erbarmt, der selber noch nicht vergessen hat, »wie bitter, wie schrecklich es ist«, nicht wahrgenommen zu sein.

GEBET

Gott, du bist ein aufmerksamer Gott.
Du achtest auf deine Schöpfung,
siehst unsere Armut und unseren Reichtum,
hörst auf unsere Schreie und unser Stummsein.
Öffne du unsere Sinne,
damit auch wir achtsam werden

für den Menschen, der uns auf der Straße anbettelt,
für die Kollegin, die niemand leiden kann,
für den Nachbarn, über den Schlechtes geredet wird.
Öffne du unsere Türen,
damit wir uns nicht verstecken müssen
hinter Kleidern von Pupur und feinem Leinen.
Öffne du unsere Herzen,
damit wir die Freuden und Leiden
hier auf der Erde teilen
und gemeinsam Platz finden
in Abrahams Schoß.
Darum bitten wir dich
durch Jesus Christus, unsern Herrn und Bruder. Amen.

Angelika Daiker

Im Brunnen

Zweite Fastenwoche: Freitag

»Im Dunkel scheint dein Licht.
Woher, ich weiß es nicht.
Es scheint so nah und doch so fern.
Ich weiß nicht, wie du heißt.
Was du auch immer seist:
schimmere, schimmere kleiner Stern!«

(Nach einem alten, irischen Kinderlied)

BUSSELEMENT

Guter Gott,
manchmal kommen wir in die Enge.
Kein Weg führt mehr weiter.
Einen Ausweg suchen heißt:
die Blickrichtung ändern, umkehren und umdenken.
Wir bitten um den Mut, einzugestehen, daß wir gefehlt haben.
Wir bitten um die Kraft, wieder gutzumachen.
Wir wollen mit dem Herzen sehen.
Herr, erbarme dich.

GL 165,1.3–4.6 »Sag ja zu mir«

SCHRIFTTEXT

Gen 37,3–4.12–13a.17b–28

PREDIGT

Einen Auszug aus der »Perle der Weltliteratur« (J. Schabert), aus der Josefsgeschichte, haben wir heute in der Lesung gehört. Sie ist die längste zusammenhängende Erzählung, die uns in den ersten fünf Büchern des Alten Testaments überliefert wird. Inwieweit die Josefserzählung einen historischen Kern beinhaltet, wissen wir nicht. Schließlich sind biblische Autoren nicht gerade Geschichtswissenschaftler im modernen Sinn, die objektiv und möglichst neutral historische Ereignisse wiedergeben wollen. Das schmälert aber keineswegs die theologische Bedeutung eines solchen Textes. Sein eigentliches Ziel ist das der Glaubensverkündigung. Das Vertrauen der Hörer, auch unser Vertrauen auf den biblischen Gott Jahwe, auf den Ich-bin-für-euch-da, soll geweckt und gestärkt werden.

Ursprünglich war diese Geschichte vermutlich als Lebenshilfe gedacht, als »Anleitung zum Glücklichsein«. Dabei wird nichts beschönigt, nichts vertuscht oder ausgelassen. Das Leben in all seinen Schattierungen kommt hier vor. Und da sich das Leben von Menschen in wichtigen Erfahrungsbereichen ähnelt, und das seit Menschengedenken, sind gute und hilfreiche Geschichten auch immer aktuell. Genau das trifft für die Josefserzählung zu. Dabei handelt es sich um die Lebensgeschichte eines jungen Mannes. Er erlebt Höhen und Tiefen, er wird fallengelassen, und er kommt wieder nach oben. Durch die Krisen seines Lebens wird er reif. Sein Leben wird ihm zum Lehrmeister. Dabei erlebt er auch Schwächen und Niederlagen, bleibt dabei aber nicht ohnmächtig und willenlos. Im Rahmen des Möglichen und entsprechend seiner Fähigkeiten gestaltet er selbst. Sein Leben deutet er als Weg, den Gott gewollt und den er mitgegangen ist. Um einen dunklen Teil der Wegstrecke weiß der heutige Lesungstext.

Die ganz besondere Liebe des Vaters zu seinem jüngsten Sohn weckt Neid und Mißgunst bei Josefs Brüdern. Als sie seiner habhaft werden können, werfen sie ihn in einen Brunnen.

Seit jeher ist der Brunnen ein Bild für die Einsamkeit des Menschen, für das Verwiesensein auf sich selbst. Wie tief können wir in die Nacht, nach unten, fallen! Wir meinen, schon ganz unten zu sein, und fallen doch noch tiefer und tiefer. Aber wie in der Mitte der Nacht, in ihrer tiefsten Schwärze, der neue Tag beginnt, so bahnt sich, wenn wir am Ende scheinen, ein Ausweg an. Die Klage über das Geschehene verebbt, und eine neue Perspektive tritt an die Stelle der Sinnlosigkeit. »Im Dunkel scheint ein Licht« ... auch wenn es erst mal trübe ist. Sie zogen Josef wieder aus der Zisterne und verkauften ihn. Hoffnung keimt, daß das Leben stärker ist als der Tod, das Licht die Nacht durchdringt, die Liebe den Haß überwindet.

»Manchmal bin ich ganz unten, manchmal bin ich am Boden zerstört. Manchmal weiß ich nicht ein und nicht aus, ach, helf mir doch jemand heraus!« (R. Hirschauer) In der Dunkelheit des Brunnens, in der Nacht seiner Einsamkeit, auf dem Grund seiner eigenen Seele, wird er seiner Bedürftigkeit bewußt. Jetzt kann er beginnen, Gott zu erfahren: als den, der das Licht ist, als den der mitgeht, der ihn hält und auffängt.
Auch uns bleibt es nicht erspart, in den Brunnen hinabzusteigen. Mit dem Wissen um Gottes Verläßlichkeit kann dieses Wagnis gelingen. »Wenn auch wir untreu werden, so bleibt doch er treu; denn er kann sich selbst nicht verleugnen« (2 Tim 2,13).

FÜRBITTEN

Unruhig ist unser Leben. Tage und Jahre vergehen, wir treiben und werden getrieben, wir suchen Wege, die nicht im Dunkel enden. Vieles bietet sich an, nimmt unsere Zeit in Anspruch. Was wird sich als sinnvoll erweisen, was wird sich bewähren? Auf Gott sind wir angewiesen, auf die Kraft seiner Liebe. So bitten wir:

- Erlöse uns dort, wo unser Leben gebrochen ist. Führe uns über unsere Enttäuschungen hinaus, in denen wir uns verstecken vor dem, was wir eigentlich mitverantworten müssten.
  (Christus, höre uns. – Christus, erhöre uns.)

- Laß uns Vertrauen finden und Vertrauen schenken und der Liebe Raum geben. Gib uns das Vermögen, mit unseren Worten andere aufzurichten und Hilfe zu leisten mit dem, was wir ins Werk setzen.

- Laß uns barmherzig sein in unseren Urteilen über andere und ehrlich umgehen mit unseren eigenen Schwächen.

Daß wir aufstehen aus aller Enttäuschung und Angst, daß deine Phantasie und Kraft uns Auftrieb gibt, darum bitten wir durch Jesus Christus, unseren Freund und Bruder. Amen.

Suse Mandl

Der wiedergekommene Sohn

Zweite Fastenwoche: Samstag

»Liebe und Freundschaft kann nicht anders als die Beteiligten fortziehen lassen an andere Orte, zu anderen Menschen, Dingen, Interessen; sie wären ja sonst einander dürftig und eng.«

(Maria A. C. Otto)

BUSSELEMENT

Guter Gott, du bist da, gibst deinen Töchtern und Söhnen Raum zum Leben. Dir bekennen wir unser Versagen:

Du gibst uns, was wir zum Leben brauchen. Wir aber stellen Forderungen an dich und wollen allein über unser Erbteil verfügen.
GL 624 »Auf dein Wort, Herr, laß uns vertrauen«

In der Begegnung mit dir erkennen wir uns so, wie du uns geschaffen hast. Wir aber grenzen uns in der Suche nach unserer eigenen Gestalt und Wahrhaftigkeit oft lieblos gegen dich und andere ab.
GL 624 »Auf dein Wort, Herr, laß uns vertrauen«

Du wartest als liebevolle Mutter, als verzeihender Vater auf uns. Wir aber halten fest an unseren Irrwegen und wagen es nicht, zu dir zurückzukommen.
GL 624 »Auf dein Wort, Herr, laß uns vertrauen«

Herr, unser Gott, wenn wir erkennen, daß wir uns verirrt haben, gib uns den Mut, wieder umzukehren oder neue Wege zu gehen. Darum bitten wir dich durch Jesus Christus, unsern Bruder und Herrn. Amen.

SCHRIFTTEXT

Lk 15,11–32

PREDIGT

Die Geschichte des verlorenen Sohnes sei die Legende dessen, der nicht geliebt werden wollte. So meint Rainer Maria Rilke. »Da er ein Kind war, liebten ihn alle im Hause. Er wuchs heran, er wußte es nicht anders und gewöhnte sich an ihre Herzweiche, da er ein Kind war. Aber als Knabe wollte er seine Gewohnheiten ablegen. Er hätte es nicht sagen können, aber wenn er draußen herumstrich den ganzen Tag und nicht einmal mehr die Hunde mithaben wollte, so war's, weil auch sie ihn liebten: weil in ihren Blicken Beobachtung war und Teilnahme, Erwartung und Besorgtheit; weil man auch vor ihnen nichts tun konnte, ohne zu freuen oder zu kränken.«*

Die Bibel erzählt uns nicht, warum der jüngere der beiden Söhne wegging. Aber vielleicht war es, weil ihm die umsorgende Liebe zu Hause eines Tages zu eng geworden war. Es gab keinen Raum, Eigenes zu entdecken und zu entfalten. Es gab keinen Widerstand, niemanden, an dem er seine Kräfte hätte messen können. Alles wurde ihm abgenommen, vielleicht jeder Wunsch von den Augen abgelesen. Deshalb mußte er gehen.

Er erbat sein Erbe, packte seine Sachen und ging schon nach wenigen Tagen weg. Seinetwillen mußte er gehen, auch wenn er den andern damit weh tat.

Im fernen Land lebte er alles, was er zu Hause nicht leben konnte. Dabei verlor er nicht nur sein ganzes Geld, sondern auch sein Ansehen. Als Armer und Fremder interessierte sich niemand mehr für ihn.

In der äußersten Einsamkeit entschließt er sich, wieder nach Hause zu gehen. Nun kommt er als Gescheiterter, als Versager in das Haus seines Vaters zurück. Aber er kommt auch als Verwandelter. Verwandelt haben ihn: der Mut, Wohlstand und Sicherheit seines Vaterhauses hinter sich zu lassen. Die Sehnsucht nach Aufbruch und Ferne. Die Begegnung mit seinen Möglichkeiten und Grenzen. Das Vertrauen, als Gescheiterter noch mit

* Rainer Maria Rilke, Die Aufzeichnungen des Malte Laurids Brigge, Frankfurt a. M. 1982, 195.

jener Liebe rechnen zu können, die er zuvor so rücksichtslos hinter sich gelassen hatte.
Vielleicht mußte er so weit weg gehen, um in der Distanz und im Wiederkommen die zuvor verschmähte Liebe in ihrer Größe zu begreifen. Vielleicht mußte er erst schmerzlich zu einem eigenen Menschen werden, um für die Begegnung mit dem liebenden Vater bereit zu sein. Vielleicht mußte er den Vater erst so schroff zurücklassen, um ihm ein ebenbürtiger Partner zu werden. Er entdeckt diesen Vater ganz neu – so wie ihn der zuhausegebliebene ältere Sohn nie erlebt hat. Das Wiederkommen ist nicht nur für den zurückgekommenen Sohn der Beginn eines neuen Lebens, auch für den Vater ist etwas unerwartet Neues geschehen. Im Wiederkommen liegt die Chance, sich ganz neu zu begegnen, die Liebe, die vorher selbstverständlich oder gar lästig war, in ihrer Kostbarkeit zu entdecken.
»Wiederkommen, das ist jedesmal erstmalig und atemberaubend von Erwartung – nicht des Gewesenen, früher Erlebten, denn genau das ist das Paradox der Liebe: das Wiedererkennen des jetzt Erstmaligen. Das Wiedererkennen spricht von Kommen und Gehen. Liebe und Freundschaft kann nicht anders als die Beteiligten fortziehen lassen an andere Orte, zu anderen Menschen, Dingen, Interessen; sie wären ja sonst einander dürftig und eng.«*
Der wiedergekommene Sohn ist dem Vater nicht kostbarer als der dagebliebene. Doch spürt der ältere Sohn zu recht, daß seinem Bruder eine Qualität an Begegnung geschenkt wird, die er so noch nie erfahren hat. Natürlich weiß er um die Liebe des Vaters, aber gespürt hat er davon in seiner Seßhaftigkeit nicht mehr viel. So als ob erst der Schmerz, den der jüngere Sohn dem Vater zugefügt hatte, dessen ganze Liebeskraft wieder aktiviert und erfahrbar gemacht hätte. Das Gleichnis erzählt von der Größe und Verläßlichkeit dieser Liebe. Aber sie erzählt auch etwas davon, daß diese Liebe ein lebendiges und ehrliches Gegenüber sucht.
Sie ist denen Trost und Ermutigung, die eines Tages die Enge ih-

* M. A. C. Otto, Der Ort. Phänomenologische Variationen, Freiburg 1992, 123f.

res Elternhauses, ihrer Liebesbeziehung, ihres Kinderglaubens aufgegeben haben, um die Wahrheit ihrer eigenen Geschichte zu entdecken. Sie ermutigt, ohne Angst aufzubrechen und auch die Rückkehr nicht zu scheuen. Verwandelt können sie eines Tages zurückgehen und darauf vertrauen, daß sie als Verwandelte einen neuen Platz finden.
Die Geschichte ist auch für die Ängstlichen Trost, die den Aufbruch nicht gewagt haben, weil auch ihnen die Liebe des Vaters gehört. Sie werden ermutigt, sich ehrlich Rechenschaft zu geben über die Beweggründe ihres Bleibens, damit sie nicht eines Tages voller Neid auf die schauen, die es gewagt haben, ihr eigenes Leben zu leben.
Gott läßt uns die Freiheit, unseren Platz zu suchen. Zugesagt ist uns, daß er an jedem Platz mit seiner Liebe auf uns wartet. An uns ist es, diesen Platz eines Tages auch zu bejahen oder den Mut zur Umkehr zu haben.

FÜRBITTEN

Wie der jüngere der beiden Söhne sind wir auf der Suche nach unserem Weg zu dir, zu den anderen und zu uns selbst. Gott, wir bitten dich um deine Hilfe auf den vielfältigen Wegen, die wir Menschen gehen.

- Wir bitten für alle jungen Menschen, die auf der Suche nach ihrem eigenen Leben ihren Eltern wehtun. Daß sie die Kraft finden, wegzugehen, wenn es an der Zeit ist, und den Mut haben, eines Tages wieder zurückzukommen.
  (GL 529,3 »Gott, sei uns gnädig, mache uns frei«)
- Wir bitten für die Eltern, deren Kinder sich anders entwickeln, als sie es gerne hätten. Daß sie in der Auseinandersetzung mit ihren Söhnen und Töchtern zu liebevollen Begleitern werden und ihnen Mut zum Leben machen.
- Wir bitten für alle Menschen, deren Ehepartner eines Tages weggegangen ist und sie alleingelassen hat. Daß sie nach Zeiten der Trauer und Verletzung wieder ein neues Leben beginnen können.

- Wir bitten für unsere Gemeinde. Daß sie ein Ort ist, an dem Menschen Mut und Unterstützung bekommen, ihr Leben in die Hand zu nehmen.

Guter Gott, weil du auf uns wartest, wagen wir es, immer neu aufzubrechen. Dir sei Lob und Dank in Ewigkeit. Amen.

Angelika Daiker

Mit Veränderungen leben lernen

Dritte Fastenwoche: Montag

BUSSELEMENT

Menschenfreundlicher Gott, wir machen uns schnell ein Bild von Menschen und betrachten es häufig als ein für allemal fertig und abgeschlossen; dabei geben wir unserem Nächsten kaum die Möglichkeit, dieses von uns entworfene Bild zu korrigieren.
Herr, erbarme dich.

In festgefahrenen Beziehungen bringen wir oft wenig Bereitschaft mit, uns auf Ungewohntes einzulassen und gemeinsam nach neuen Wegen eines guten Miteinanders zu suchen.
Christus, erbarme dich.

Wenn uns bisher vertraute Menschen fremd geworden sind, gehen wir vorzugsweise auf Distanz, statt mit ihnen zu sprechen und uns um gegenseitiges Verständnis zu bemühen.
Herr, erbarme dich.

SCHRIFTTEXT

Lk 4,24–30

PREDIGT

Das ist ein harter Schlag! Jesus wird im heutigen Evangelium massiv mit Mißerfolg konfrontiert und stößt auf heftige Kritik und Ablehnung. Er kommt in seine Heimatstadt Nazaret, an den Ort, der ihm wie kein anderer vertraut ist; er hält seine erste Predigt, und am Ende treiben ihn die Leute zur Stadt hinaus und versuchen, ihn einen Berg hinabzustürzen.
Anfangs sind die Einwohner noch erstaunt darüber, wie begabt er reden kann. In dieser Hinsicht ist Jesus ihnen um einiges voraus; das hätten sie ihm nicht zugetraut. Das ist doch der Sohn des Josefs, eines Zimmermanns aus Nazaret. Sie kennen ihn noch als jungen Burschen, wie er im elterlichen Handwerksbetrieb mitgeholfen hat und so richtig zupacken konnte: »Der ist einer von uns, einer wie du und ich!«, mögen sie bei sich gedacht haben.

Und dann, eines Tages geht eben dieser Jesus am Sabbat in die Synagoge und tritt mit dem ungeheuerlichen Anspruch auf, Gesandter Gottes zu sein. Was für eine Arroganz in den Augen der Einwohner von Nazaret! Begnadet reden kann er ja, das müssen sie zugeben; aber dem Glauben schenken, was dieser gerade mal dreißigjährige Jesus hier von sich beansprucht, das geht zu weit, das grenzt ja schon an Gotteslästerung! Ohne Zögern entschließen sie sich, ihn mit aller Gewalt aus ihrer Mitte zu vertreiben.
Die Behauptung Jesu: »Kein Prophet wird in seiner Heimat anerkannt«, wird durch die Reaktion der Leute von Nazaret zur bitteren Wirklichkeit.
Einerseits gelingt es uns nicht, Verständnis für die Wut der Leute aufzubringen, die ihn zur Stadt hinaustreiben; und es erhebt sich Protest gegen die schroffe, ja gewalttätige Ablehnung Jesu.
Andererseits kennen wir ähnliche Situationen aus dem eigenen Leben! Vertraute Menschen passen auf einmal nicht mehr so recht in das Bild, das wir von ihnen entworfen haben. Die oder der Bekannte haben sich verändert. Wir nehmen ihr oder ihm plötzlich nicht mehr alles ab. Der Nachbar oder die langjährige Freundin sind uns fremd geworden. Wir gehen freundlich, aber entschieden auf Distanz und ziehen uns mehr und mehr zurück. Bisweilen ist das Vertraute allzu vertraut, können Beziehungen auch sehr eingefahren oder festgefahren sein; bisweilen fällt es uns enorm schwer, Neues zuzulassen, uns offen zu halten für Veränderungen oder Überraschungen in einer Beziehung.
Jesus blieb diese Erfahrung ebenfalls nicht erspart: Die Leute kannten ihn ausschließlich als Sohn des Josef. Er war in ihren Augen noch ganz Sohn seines Vaters, noch keine eigenständige Persönlichkeit, der man solches vielleicht abgenommen hätte. Sich verändern, entwickeln und öffnen – all das hatte keinen Platz in den Köpfen der Einwohner von Nazaret. Jesus paßte, so wie er auftrat, nicht mehr in ihr Bild vom »braven Sohn Josefs«. In der Schublade, in die sie ihn hineingesteckt hatten, war kein Raum für Neues.
Bevor wir Protest gegen die Reaktion der Leute von Nazaret erheben, sollten wir uns selbst kritisch hinterfragen. Sind wir frei davon, uns gelegentlich ein festes, genaues Bild von jemandem zu machen? Bedenken wir dabei, daß wir diesem Menschen da-

durch die Möglichkeit nehmen, daß er sich weiterentwickelt? Müssen wir am Ende das für uns Ungewohnte »aus der Stadt hinaustreiben« – so wie sie es mit Jesus gemacht haben? Und das nur, weil die Menschen damals und wir heute nicht bereit sind, mit Veränderungen leben zu lernen?
Das Evangelium von heute ruft uns auf, Fremdes und Ungewohntes zuzulassen, sich auf bisher Unbekanntes einzulassen; keine Angst zu haben vor Menschen, die sich verändert haben. Schmerz zu empfinden über den Verlust von Vertrautem ist berechtigt; das ist offensichtlich der Preis für die Erfahrung von Neuem, letztlich für die Erfahrung von Leben! Aber wer behauptet denn, daß das Abweichen von Gewohntem, daß Entwickeln und Verändern mit Blick auf das persönliche Leben in jedem Fall schlecht sei? Wenn wir in unsere eigene Lebensgeschichte schauen, werden wir feststellen, daß wir oft dann weitergekommen sind, als wir uns allmählich von allzu Vertrautem gelöst hatten, um uns für Neues bereitzuhalten; als wir aus der angestammten Heimat aufgebrochen sind, als wir Vertrautes hinter uns gelassen haben. Das tat zwar weh, weil wir uns von Liebgewordenem trennen mußten; aber diese Schritte im Leben eröffneten auch neue, ungeahnte Möglichkeiten und Wege. Wenn wir gelernt haben, die Veränderungen im eigenen Leben gut zu heißen, was hindert uns dann daran, sie auch bei anderen zu akzeptieren?

FÜRBITTEN

Menschenfreundlicher Gott, wir blicken auf die Situation, als dein Sohn in seine Heimatstadt Nazaret kam, und bitten dich voll Vertrauen:

- Für alle Menschen, die unter einer festgefahrenen Beziehung leiden und sich öffnen wollen für Neues.
  (Wir bitten dich, erhöre uns.)
- Für alle Menschen, die sich vergebens um Veränderung in ihrem Leben bemühen.
- Für unsere Gemeinde, daß sie tolerant ist gegenüber denen, die vom Gewohnten abweichen.

- Für alle Eltern, daß sie ihre Kinder unterstützen, wenn sie im Prozeß des Erwachsenwerdens beginnen, ihre Persönlichkeit zu entfalten.
- Für unsere Gesellschaft, daß sie offen ist für Menschen aus fremden Ländern, die eine andere Kultur, eine andere Religion und andere Einstellungen mitbringen.
- Für uns selbst, daß wir nicht krampfhaft festhalten an Gewohntem und Vertrautem, sondern bereit sind, mit Veränderungen leben zu lernen.

Guter Gott, deinem Sohn blieb die Erfahrung nicht erspart, daß er in seiner Heimatstadt Mißerfolg erlebte; davon ließ er sich nicht einschüchtern. Hilf auch uns, daß wir nicht gleich resignieren, wenn unser Bemühen um Veränderung zunächst keinen Erfolg hat. Dann richte uns vielmehr auf und mache uns Mut. Darum bitten wir durch Christus, unseren Bruder und Herrn. Amen.

Uwe Bögershausen

Grenzenlos vergeben

Dritte Fastenwoche: Dienstag

BUSSELEMENT

Herr, unser Gott, du kommst uns mit deinem grenzenlosen Vertrauen entgegen. Dich bitten wir um dein Erbarmen.

Petrus fragt: »Herr, wie oft muß ich meinem Bruder vergeben, wenn er sich gegen mich versündigt?«
Immer wieder suchen wir nach festen Regeln und Gesetzen, mit denen wir unsere mangelnde Vergebungsbereitschaft entschuldigen wollen.
Herr, erbarme dich unser.

Jesus sagt: »Nicht siebenmal, sondern siebenundsiebzigmal.«
Immer wieder begegnet uns in anderen Menschen, so wie in Jesus, eine Großzügigkeit, die unsere eigenen Möglichkeiten zu sprengen scheint.
Christus, erbarme dich unser.

Der Diener sagt: »Hab Geduld mit mir! Ich werde dir alles zurückzahlen.«
Immer wieder versprechen wir, unsere ganze Schuld wieder gutzumachen und müssen dann erkennen, daß wir sie heimlich anderen aufgeladen haben.
Herr, erbarme dich unser.

Der gütige Gott erbarme sich unser, er nehme von uns Sünde und Schuld, damit wir mit reinem Herzen diese Feier begehen. Amen.

SCHRIFTTEXT

Mt 18,21–35

PREDIGT

Jesus fordert hier im Matthäus-Evangelium zu unbedingter Großzügigkeit auf. Siebenundsiebzigmal soll ich einem mir

Schuldigen vergeben. Siebenundsiebzigmal, das ist so gut wie grenzenlos. Grenzenlos vergeben? Grenzenlos geben, austeilen, schenken, Chancen geben, grenzenlos Vorschuß geben?
So eine inflationäre Forderung muß begründet werden. Und Jesus begründet seine Forderung mit einem Gleichnis. Es macht uns klar, daß wir bei allem Geben und Vergeben doch immer noch die größeren Schuldner bleiben, nämlich die Schuldner Gottes. Wir schulden Gott immens viel, weil er der Urheber unserer ganzen Existenz, unseres Lebens ist und weil er ein Vater ist, der gegenüber unseren eigenen Kleinlichkeiten, Dummheiten und Unfähigkeiten immer nachsichtig bleibt.
Uns ist selbst schon so viel geschenkt worden, daß wir zu einer Haltung der Lebensdankbarkeit fähig sein sollten. Diese Haltung der Lebensdankbarkeit sollte uns, positiv gesagt, großzügig machen, und, negativ gesagt, davor bewahren, zu tyrannischen Machthabern gegenüber unseren Schuldnern zu werden. Der Nachbar, der nicht grüßt, der Ehemann, der so wenig redet, die Tochter, die sich abgewandt hat, der Bruder, der sich für etwas Besseres hält. Allen gegenüber kann ich in solcher Haltung großzügig sein, nachsichtig, wie der Herr es mit mir ist.
Mit der Großzügigkeit gibt es nun aber auch das Extrem in die andere Richtung. Nicht wenige Christen haben die Lehre von der Großzügigkeit gelernt und im Leben verinnerlicht; allerdings so radikal, daß sie manchmal vorschnell großzügig handeln. Dies ist der Fall, wenn Schuld vergeben wird, bevor der Versuch unternommen wurde, etwaige Mißstimmungen zu klären. Nicht selten wird dabei vielleicht etwas verziehen, was eigentlich auf einem Mißverständnis beruht, oder es wird etwas verziehen, was dringend hätte einmal ausgesprochen sein sollen.
Großzügigkeit heißt nun aber gerade nicht, daß ich alles widerspruchslos hinnehmen und schlucken muß. Im Gleichnis hören wir: »Als er nun mit der Abrechnung begann …« Der König hat, bevor er seinem Diener die Schuld erließ, diese Schuld erst einmal exakt vor ihm ausgebreitet. Es wurde genau berechnet, daß es sich um zehntausend Talente handelte. Der Diener wurde zur Rechenschaft gezogen.
Bevor ich meinem Ehemann, meinem Nachbarn, meiner Tochter, meinem Bruder großzügig begegne oder vergebe, darf und

soll ich ruhig erst einmal die Tatsachen auf den Tisch legen. Großzügig sein heißt nicht, daß ich mich nicht äußern oder wehren darf. Im Gegenteil, es ist den anderen gegenüber sogar fair, wenn sie wissen, wie sie »bei mir dran« sind. Und ich bin aufrichtig, wenn ich den anderen sage, wo ich mich übergangen, zu kurz gekommen fühle. Es kann außerdem eine Form von Demut sein, wenn ich zugebe, was ich brauche und wo ich verletzt bin. Bevor ich vergebe, ist es in den meisten Fällen angebracht, erst einmal offen zu sein. Bevor ich großzügig vergebe, sollte der andere die Chance bekommen, sich zu rechtfertigen oder einzusehen, was er falsch gemacht hat.
Voreiliges Vergeben vernebelt oft die Wirklichkeit. Wir leben dann leicht in einem Sumpf zwischen mögen und ablehnen. Schuld, die nur unter den Teppich gekehrt wird, sammelt sich hier als Dreckhaufen an und taucht vielleicht bei der unpassendsten Gelegenheit wieder auf. Erst wenn ich mich bemüht habe, den Kehrricht zu beseitigen, kann ich den Rest großzügig akzeptieren und über ihn hinwegsehen. Erst wenn ich versucht habe, unsere Schwierigkeiten miteinander zu bewältigen, kann ich mich daran machen, das Unbewältigbare anzunehmen, dem anderen großzügig nachzusehen und zu verzeihen.
Wenn ich mich aber vergeblich um gute, klare Beziehungen bemüht habe, bleibt mir immer noch der hier tröstliche Aspekt, daß auch ich zu den Unverbesserlichen Gottes gehöre. Es ist entlastend zu wissen, daß auch ich nicht nur weiße Westen trage. Wie mir meine Unverbesserlichkeit in mancherlei Sachen nachgesehen wird, so kann ich sie vielleicht auch den anderen nachsehen. Grenzenlos nachsehen.
Weil ich Tochter oder Sohn eines großzügigen Vaters bin, kann es auch mir möglich werden, großzügig zu sein. Jesus erinnert uns daran.

GEBET

Herr, du bist uns mit deiner Großzügigkeit zuvorgekommen, vertrauensvoll richten wir unser Gebet an dich:
Jemand ist an mir schuldig geworden. Herr, hilf uns allen, aus unserem Schuldgestrüpp herauszukommen. Hilf uns die Dinge zu

klären. Ich möchte vergeben können. Ich möchte vergeben können, weil auch du mir an anderer Stelle vergeben hast, Gott. Steh uns bei, daß wir die Dinge herzhaft anpacken können. Steh uns bei, daß wir von ganzem Herzen vergeben können. So bitten wir, Herr, um deine Hilfe, jetzt und in Ewigkeit. Amen.

Iris Mandl-Schmidt

Zur »Größeren Gerechtigkeit« aufbrechen

Dritte Fastenwoche: Mittwoch

BUSSELEMENT FÜR DEN ABENDGOTTESDIENST

Ich lade Sie ein, mit mir in Gedanken zum Beginn des heutigen Tages zurückzukehren. Lassen Sie in Ihrem Inneren Bilder kommen, die zu Ihrem Tag heute gehören.

(Die Fragen werden langsam und besinnlich vorgelesen. Kleine Pausen sollen die Besinnung erleichtern. Verschiedene Fragen können ausgewählt werden.)

Wie sind Sie aufgestanden?
Wie haben Sie geschlafen?
Wie begann der Tag?
Hatten Sie Zeit für sich, oder wurden Sie gleich von anderen gefordert?

Und den Tag über? Was haben Sie erlebt?
Welche Menschen sind Ihnen begegnet?
Gab es in Ihrem heutigen Tag schöne Momente?
Waren auch schwierige Situationen dabei?
Was ist Ihnen heute gut gelungen?
Was ist Ihnen heute weniger oder gar nicht gelungen?
Konnten Sie heute einem anderen Menschen eine Freude machen oder weiterhelfen?
Sind Sie heute einem Menschen etwas schuldig geblieben?
Hat Sie heute jemand verletzt?
Hat Ihnen heute jemand etwas Gutes getan?

All das, was wir heute erlebt haben, bringen wir zu diesem Gottesdienst mit. Wir dürfen alles vor Gott legen: das, was heute rund war und schön; und das, was brüchig blieb, verletzt hat und schwer auf unserem Herzen liegt.
Jetzt bringen wir alles vor Gott.
Er möge es annehmen und wandeln.
Er möge uns verzeihen, was uns nicht gelungen ist und was wir bruchstückhaft ließen.

Gott nimmt unseren Tag an, so wie er war. Er nimmt uns an jetzt und in Ewigkeit. Amen.

BUSSELEMENT FÜR DEN MORGENGOTTESDIENST

Herr Jesus Christus, wir treten vor dein Angesicht, denn du schenkst uns Ansehen. Jetzt an diesem Morgen kommen wir in dein Haus und wollen von neuem deine Gnade erfahren. Wir brauchen dein Erbarmen, denn in unserem Leben gelingt uns vieles nicht. Obwohl wir meistens gute Absichten haben, bleiben wir hinter unseren eigenen Vorsätzen zurück. Wir machen Fehler und werden schuldig. Doch wir glauben, daß wir trotz unserer Sünden in deinen Augen erbarmungswürdig sind. Deshalb bitten wir:
Erbarme dich Herr, unser Gott, erbarme dich.
Denn wir haben vor dir gesündigt.
Erweise, Herr, uns deine Huld.
Und schenke uns dein Heil.

Herr Jesus Christus, verzeih uns unsere Sünden, und laß uns deine nachsichtige Gegenwart erfahren. Schenke uns heute morgen einen neuen Anfang, und begleite uns, wenn wir mit dir in den Tag gehen. Darum bitten wir dich, unseren Bruder und Herrn. Amen.

SCHRIFTTEXT

Mt 5,17–19

PREDIGT

Darf ich Sie (noch) etwas fragen? Ich möchte Ihnen gerne folgende Frage stellen: Wieviele Gesetze und Rechtsvorschriften haben Sie heute schon eingehalten (werden Sie heute einhalten)*?

* Wenn der Gottesdienst am Vormittag stattfindet, muß an manchen Stellen entsprechend umformuliert werden.

Ich glaube, eine ganze Menge. Ob Sie mit dem Auto oder zu Fuß gekommen sind, Sie haben sich an das Gesetz rechts vor links gehalten und an die Regel, bei Rot stehen, bei Grün gehen oder fahren. Wenn Sie heute beim Einkauf waren, haben Sie die Waren in Ihrer Einkaufstasche ordnungsgemäß bezahlt. Es gäbe weitere Beispiele dieser eher äußerlichen Rechtsvorschriften, die Sie den Tag hindurch befolgt haben. Daneben gibt es noch andere, wesentliche Gesetze, auf die Sie heute schon gehört haben: »Du sollst neben mir keine anderen Götter haben«, »Du sollst nicht morden«, »Du sollst nicht falsch gegen deinen Nächsten aussagen« (vgl. Ex 20,1–21).
Für die Israeliten damals wie für uns heute ist es ganz normal und etwas sehr Alltägliches, daß wir mit und nach Gesetzen und Rechtsvorschriften leben und daß wir uns bemühen, sie einzuhalten. Wenn Jesus im Evangelium sagt: »Denkt nicht, ich sei gekommen, um das Gesetz und die Propheten aufzuheben«, dann bejaht er diese Normalität des alltäglichen Lebens. Wenn er hinzufügt: »Ich bin nicht gekommen, um aufzuheben, sondern um zu erfüllen«, verweist er auf den tieferen Sinn der jüdischen Gesetze. Es geht Jesus nicht um ein äußeres Einhalten, weil es eben Gesetze sind, sondern um die innere Überzeugung und Zustimmung. Es geht ihm um die »Größere Gerechtigkeit« (vgl. Mt 5,20), die allen Gesetzen und Rechtsvorschriften zugrundeliegen muß. Denn die größere Gerechtigkeit ist die Gerechtigkeit Gottes.
Denken wir an die Regeln im Straßenverkehr. Sie sollen einen reibungslosen Ablauf garantieren. Aber ihre größere Gerechtigkeit besteht im Schutz des einzelnen Menschen vor Gefahr und Unfall. Und um diese größere Gerechtigkeit muß es uns gehen. Oder denken wir an die Zehn Gebote, von denen ich vorher drei genannt habe. Jesus will nicht, daß wir sie aus Angst oder Gesetzesgehorsam befolgen, sondern weil wir von ihrer größeren Gerechtigkeit überzeugt sind. Wir sind überzeugt, daß sie für jeden einzelnen Menschen hilfreich und förderlich sind. Und wir glauben, daß Gottes Güte in ihnen wirksam wird. In der Fastenzeit lädt uns Jesus ein, zu dieser größeren Gerechtigkeit Gottes aufzubrechen. Mit diesem Evangelium sind wir aufgefordert, in unseren Gesetzen und Rechtsvorschriften die größere Gerechtigkeit

zu suchen, und sie zu tun. Und ich bin sicher, daß Ihnen und mir heute davon schon etwas gelungen ist.

GEBET

Jesus Christus, in deinem Leben hast du den Menschen die größere Gerechtigkeit Gottes offenbart. Wir bitten dich:

Jesus Christus, unser Bruder, bleibe bei uns, wenn wir uns jeden Tag bemühen, auf deine Gebote zu achten und sie zu halten.

Jesus Christus, unser Freund, bleibe bei uns, wenn wir Fehler machen und Situationen in unserem Leben nicht so gelingen, wie wir es uns wünschen.

Jesus Christus, unser Vorbild, bleibe bei uns, wenn wir versuchen, die Fastenzeit als Zeit der Umkehr und des Aufbruchs zu nutzen.

Jesus Christus, unser Begleiter, bleibe bei uns, wenn wir in die kommende Nacht (in diesen Tag) gehen, und schenke uns deine Gegenwart.

Bleibe bei uns, Herr, wenn wir miteinander diesen Gottesdienst feiern. Bleibe bei uns, Herr, in unserer Gemeinschaft und in unserer ganzen Gemeinde. Höre auf unsere Bitten und stärke uns in unserem Bemühen, das Unsrige zu tun. Darum bitten wir dich, der du lebst und gegenwärtig bist von Ewigkeit zu Ewigkeit. Amen.

Christiane Bundschuh-Schramm

Mit offenen Karten spielen

Dritte Fastenwoche: Donnerstag

BUSSELEMENT

Menschenfreundlicher Gott, sobald andere unser Tun in Frage stellen, reagieren wir bisweilen sehr empfindlich; statt uns mit guten Argumenten zu erklären, ziehen wir uns beleidigt zurück oder brausen auf.
Herr, erbarme dich.

Aus Angst vor Unannehmlichkeiten spielen wir in Konfliktsituationen oft nicht mit offenen Karten; statt mit den Betreffenden direkt zu sprechen, tun wir unsere persönliche Überzeugung vorzugsweise hinter dem Rücken anderer kund.
Christus, erbarme dich.

Um einen guten Eindruck zu machen, bemühen wir uns gelegentlich, unsere Schwächen geschickt zu überspielen. Dabei überfordern wir uns mit Aufgaben, die unsere Fähigkeiten und Kräfte übersteigen.
Herr, erbarme dich.

SCHRIFTTEXT

Lk 11,14–23

PREDIGT

Im Zentrum des Tagesevangeliums steht die Auseinandersetzung über Beelzebul. Von Jesu Gegnern wird er der »Anführer der Dämonen« genannt; Jesus selbst bezeichnet ihn als »Satan«. Die Leute behaupten, Jesus würde mit Hilfe dieses Beelzebuls die Dämonen austreiben. Es wird deutlich, daß sie Jesus gar nicht ernst nehmen; schlimmer noch: Sie versuchen, ihn lächerlich zu machen. Spöttisch meinen sie, er stehe mit dem Teufel im Bund, deshalb sei es ihm gelungen, einen Menschen zu heilen, der zuvor stumm war. Wenn sie Jesu Heilkraft auf Beelzebul zurückführen, wollen sie damit sagen: Er habe mit dem Gott Israels gar nichts zu tun, er könne unmöglich Gesandter Gottes sein.

Jesus selbst läßt sich durch diesen Vorwurf nicht irritieren. Die Menschen können ihn nicht aus der Fassung bringen. Er antwortet in einer derart überzeugenden Weise, daß der Evangelist Lukas nur noch ihn zu Wort kommen läßt. Seine Gegner sind offenbar verstummt; sie können ihm nichts Stichhaltiges mehr entgegenhalten. Fast möchte man annehmen, daß sich der stumme Dämon, den Jesus zuvor einem Mann austrieb, auf sie niedergelassen hat.

Es ist Jesus gelungen, die Argumente seiner Widersacher aus den Angeln zu heben. Statt sich beleidigt und verärgert zurückzuziehen – angesichts des Versuchs, ihn lächerlich zu machen –, bezieht er eindeutig Stellung. Er spielt mit offenen Karten, »denn er wußte, was sie dachten« (V. 17). Diesen Mut konnte er aufbringen, weil er von seiner Sache überzeugt war: Jesus steht nicht mit dem Teufel im Bund, sondern mit Gott. Durch die Heilung des stummen Dämons will er nicht das Reich des Satans vorantreiben, sondern das Reich Gottes. Oder anders gesagt: Nicht durch Beelzebul treibt er die Dämonen aus, sondern durch den Finger Gottes!

Die Leute müssen sich entscheiden: Glauben sie, daß Jesus einen Bund mit dem Teufel geschlossen hat, daß er sozusagen »von allen guten Geistern verlassen« ist, oder glauben sie, daß er der Gesandte Gottes ist, auf den das Volk Israel so sehnsüchtig gewartet hat? Wegen dieser Entscheidung, die jede und jeder nur für sich treffen kann, sagt er am Ende in aller Deutlichkeit: »Wer nicht mit mir ist – gegen mich ist er« (V. 23).

Was können wir nun für uns persönlich von diesem Evangelium »mitnehmen« in einer Zeit, in der die Rede von Dämonenaustreibungen und vom Teufel fast verklungen ist?

Es sind zwei Haltungen, die Jesus miteinander verbindet. Zum einen: Indem er mit offenen Karten spielt, bewahrt er die Treue zu seiner Botschaft. Er läßt sich nicht in die Ecke drängen, nicht ins Lächerliche ziehen; weicht nicht ab von dem, wovon er überzeugt ist, weil er weiß, seine Botschaft ist gut, sie ist nicht vom Teufel!

Zum anderen: Indem Jesus mit offenen Karten spielt, bleibt er sich selbst treu, steht ganz und gar zu sich. Er läßt sich nicht beirren, sondern vertreibt den stummen Dämon und stellt sich seinen Gegnern mit Argumenten, so daß es ihnen gleichsam die

Stimme verschlägt. Er tut das, was seinen Fähigkeiten entspricht, und setzt sich ein mit dem, was er kann.
Jesu »Spiel« mit offenen Karten will Mut machen, im eigenen Leben auch mit offenen Karten zu spielen und die persönliche Überzeugung in Treue zu sich selbst mit Entschiedenheit vor anderen zu vertreten.
So kann ich mich – in Anlehnung an das Verhalten Jesu – fragen: Bin ich mir selbst treu, indem ich das tue, was ich kann, ohne mich ständig zu überfordern? Mit anderen Worten: Entspricht mein christliches Engagement meinen tatsächlichen Fähigkeiten und Kräften? Ist es mit meinen Lebensumständen vereinbar? Trage ich durch mein Tun dazu bei, daß das Reich Gottes schon hier auf Erden sichtbar werden kann, indem ich nicht verstumme, wenn andere mich kritisieren?
Ebenso kann ich überdenken: Wie verhalte ich mich Menschen gegenüber, die versuchen, mir meinen Einsatz madig zu machen; die mich für verrückt erklären, weil ich die Absicht habe, mit meinem Glauben ernst zu machen? Ziehe ich mich beleidigt und verärgert zurück, oder trete ich den Nörglern mit Argumenten entgegen?
Wir sollen uns nicht davon abhalten lassen, schon heute mutig und entschieden mit offenen Karten zu spielen!

FÜRBITTEN

Menschenfreundlicher Gott, dein Sohn hat sich in Treue zu sich und seiner Botschaft mit seinen Gegnern mutig auseinandergesetzt. Voll Vertrauen beten wir:

- Für alle Menschen, die mit Kritik nicht umgehen können und sich verunsichert zurückziehen.
  (Wir bitten dich, erhöre uns.)
- Für alle Menschen, die deutlich ihre Stimme gegen Unrecht erheben und dabei den Konflikt nicht scheuen.
- Für alle Menschen, die zu Gewalt neigen und nicht gelernt haben, sich mit Worten – statt mit Fäusten und Waffen – auseinanderzusetzen.

- Für alle Menschen, die sich schwertun, in ihrem Leben mit offenen Karten zu spielen.
- Für uns selbst, daß wir uns nicht überfordern, sondern verantwortungsvoll mit unseren Kräften und Möglichkeiten umgehen.
- Für die Menschen unserer Gemeinde, daß sie weiterhin mit ihrem Glauben ernst machen, auch wenn andere versuchen sollten, ihren Einsatz madig zu machen.

Guter Gott, dein Sohn hat mit offenen Karten gespielt, ohne sich von seinen Gegnern beirren zu lassen. Stehe uns bei, daß auch wir mit offenen Karten spielen können, heute, und alle Tage unseres Lebens. Amen.

Uwe Bögershausen

Zum Wesentlichen zurückkehren

Dritte Fastenwoche: Freitag

BUSSELEMENT

Wir haben uns von zu Hause aus auf den Weg in die Kirche gemacht. Hier im Gottesdienst wollen wir verweilen, um in unserem Alltag innezuhalten. Wir möchten unseren Blick wieder auf das Wesentliche lenken. Von Gottes guter Gegenwart wollen wir uns erneut anrühren lassen. Deshalb werden wir zu Beginn dieses Gottesdienstes still überlegen, wo es uns nicht geglückt ist, auf dem Weg des Herrn zu bleiben.

Stille

Vater im Himmel, immer wieder zweigen wir von deinem Weg ab in kleinere und größere Sackgassen. Hilf uns, zum Wesentlichen zurückzukehren, und steh uns in unserem Bemühen bei. Darum bitten wir durch Jesus Christus. Amen.

SCHRIFTTEXT

Mk 12,28b–34

PREDIGT

Den umfangreichen und schwierigen jüdischen Gesetzeskodex für das Verhalten gegenüber Gott und den Menschen faßt Jesus in den zwei Geboten zusammen: Du sollst Gott lieben, und du sollst den Menschen lieben.
Jesus lehnt sicher nicht die zahlreichen anderen Gesetze und Gebote grundsätzlich ab. Es ist jedoch besser, das Wesentliche der Gebote zu erfassen, als sich in den Einzeldoktrinen zu verkämpfen. Es ist besser, das Wesentliche im Leben zu erkennen, als sich in Kompliziertheiten zu verfangen.
Die Lehre Jesu ist sehr aktuell, weil sie für jeden einzelnen Tag unseres Lebens gilt. »Mensch, werde wesentlich,« klingt der Aufruf Jesu in den Worten von Angelus Silesius nach. Und er gilt uns vor allem dann, wenn wir uns im einzelnen verrannt haben. Das Wesentliche ist oft auch das ganz Einfache und Klare.

Und doch gibt es so vieles, das uns vom Weg der Einfachheit und Klarheit abdriften läßt. Einmal wird diese Klarheit getrübt durch eine festgelegte Vorstellung, wie das Leben sein müßte. Dann bin ich vollkommen erledigt, weil meine Mitmenschen nicht genauso denken und glauben wie ich. Ein andermal besetzt mich ein Gefühl, und ich kann nicht verstehen, daß bei den anderen im Leben alles so glatt läuft, wo ich zahlreiche Hindernisse bewältigen muß.
Oder es bedrückt mich eine Vermutung, und ich weiß nicht, ob ich von der anderen Person ins falsche Licht gerückt worden bin. Ich mache mir Sorgen um mein Ansehen. Oder es erdrückt mich schlichtweg die Alltäglichkeit des Alltags und lastet mit bleierner Schwere auf mir.
Es gibt so vieles, das mich von der einfachen Liebe zu Gott und den Menschen abzweigen läßt. Tausend Anlässe verführen mich, den Blick für das Wesentliche und Klare zu verlieren. Anlässe, die ich nicht gerufen habe, sondern die mir das Leben aufzwingt. Jesus weiß sicher auch, daß das Leben nicht einfach, sondern eher kompliziert ist. Er weiß sicher, daß es genug Anlaß gibt, nach immer neuen Lösungen, Geboten und Verhaltensregeln zu suchen. Er weiß aber eben noch ein anderes: daß es meistens besser ist, einmal inne zu halten und wieder nach dem Wesentlichen Ausschau zu halten.
Dann kann ich meistens mein Leben, so wie es ist, bewahren, ich brauche nicht alles umzukrempeln. Ich brauche nur einmal wieder meine Haltung zu Gott und den Menschen in den Blick zu nehmen und neu auszurichten: auf das Wohlwollen, den guten Willen, das Schöne, den Glauben, die Liebe.
Ich darf mich dann abholen lassen von Worten, wie sie in der heutigen Lesung bei Hosea stehen. Da sagt uns Gott zu, daß er uns wieder anrühren wird. Ich kann zum Wesentlichen zurückkehren, weil das Wesen Gottes meinem Leben zugrundeliegt.
»So spricht der Herr: Ich will ihre Untreue heilen und sie aus lauter Großmut wieder lieben. Denn mein Zorn hat sich von Israel abgewandt. Ich werde für Israel da sein wie der Tau, damit es aufblüht wie eine Lilie und Wurzeln schlägt wie der Libanon. Seine Zweige sollen sich ausbreiten, seine Pracht soll der Pracht des Ölbaums gleichen und sein Duft dem Duft des Libanon. Sie werden

wieder in meinem Schatten wohnen: Sie bauen Getreide an und gedeihen wie die Reben, deren Wein so berühmt ist wie der Wein vom Libanon« (Hos 14,5–8).

GEBET

Guter Gott, wir möchten wieder von deinem guten Wesen angerührt werden. Vertrauensvoll wenden wir uns zu dir:

Unser Blick für das Wesentliche und Klare ist getrübt. Führe du uns zurück zur Quelle des Lebens.

Laß unsere Seelen wieder frei werden von Ängsten, Sorgen und komplizierten Gedanken.

Laß uns wieder zu Kräften kommen, wo wir uns schwach fühlen.

Eerfrische unseren Alltag wie mit dem Duft von Blüten und Kräutern.

Laß Sonnenstrahlen in unser Herz scheinen, damit es sich wieder für die Liebe erwärmt.

Guter Gott, wir wissen, du bist uns zugetan und läßt uns Anteil haben an deinem Reich. Wir danken dir dafür, der du lebst und uns liebst in Ewigkeit. Amen.

Iris Mandl-Schmidt

Sich öffnen für Gottes Geschenke

Dritte Fastenwoche: Samstag

BUSSELEMENT

Heute, an diesem Samstagmorgen, treten wir vor Gott. Von ihm erhoffen wir uns Erbarmen. Deshalb bitten wir:

Jesus Christus, wir kommen zu dir, weil wir diesen Tag mit dir beginnen wollen.
Herr, erbarme dich.

Jesus Christus, wir stehen vor dir, weil in unserem Leben nicht alles so ist, wie wir es uns wünschen.
Christus, erbarme dich.

Jesus Christus, wir beten zu dir, weil wir für diesen Tag deine Hilfe brauchen.
Herr, erbarme dich.

Ja, Herr, erbarme dich unser. Schenke jedem und jeder von uns das, was er und sie jetzt brauchen. Gib Freude dem Freudlosen, gib Kraft der Kraftlosen, gib Trost dem Traurigen. Zeige allen dein Erbarmen, denn wir bedürfen deiner Zuwendung jetzt und in Ewigkeit. Amen.

SCHRIFTTEXT

Lk 18,9–14

PREDIGT

Vielleicht haben Sie es noch gar nicht bemerkt, aber die Hälfte der Fastenzeit ist schon vorbei. »Schon wieder«, denke ich mir, »dabei wollte ich doch …« »Ich hatte mir doch …« Trotz der guten Vorsätze ist der Alltag dazwischen gekommen und hat meine Pläne durchkreuzt.

Aber – falls es Ihnen genauso geht – ich kann Sie und mich trösten: Wir haben noch drei Wochen Zeit, uns auf Ostern vorzubereiten. Drei Wochen sind uns noch geschenkt, die Fastenzeit bewußt zu gestalten. Und da kommt unser Evangelium gerade recht, denn es zeigt uns wie kein anderes, was Fastenzeit bedeutet und welche Haltung es einzuüben gilt.

Der eine Mann im Evangelium, der könnte jetzt beten: »Gott, ich danke dir, daß ich nicht bin wie die Leute, die die Fastenzeit verstreichen lassen, ohne sich auf Ostern vorzubereiten. Ich danke dir, daß ich nicht bin wie dieser Pfarrer (bzw. der Prediger/die Predigerin) hier. Ich habe bereits alles getan, gespendet, gebeichtet und gefastet.«

Diesem Mann aber stellt Jesus einen Zöllner gegenüber. Mit gesenktem Blick betet dieser: »Gott, sei mir Sünder gnädig!«

Was ist es, was die beiden unterscheidet? Der erste Mann hat schließlich nichts falsch gemacht. Im Gegenteil. Seine Taten waren gerecht. Aber Jesus kommt es in diesem Fall auf die Haltung an. Der erste Mann erwartet alles von sich selber, aber nichts von Gott.

Der andere Mann, der Zöllner, er erwartet alles von Gott. Das heißt nicht, daß er sich zurücklehnt und die Hände in den Schoß legt. Es bedeutet vielmehr: Er ist offen für Gott. Er bittet um seine Geschenke der Zuwendung, der Vergebung und der neuen Chance. »Gott, sei mir Sünder gnädig!« »Gott, schenke mir Kraft zum Beten und Mut zum Handeln. Gott, ich brauche dich. Ohne dich komme ich nicht weiter.«

In der Fastenzeit geht es um diese Haltung. Wir sind eingeladen, uns zu öffnen für die Geschenke Gottes. Nicht von unseren Gebetsleistungen und Fastenerfolgen hängt das Gelingen der Fastenzeit ab, sondern von unserer Haltung: Offen zu sein für Gott; für das, was Gott uns geben will.

Wir haben noch drei Wochen Zeit und darüber hinaus noch Jahre unseres Lebens. Es geht um das Einüben dieser Haltung: Gott, sei mir Sünder gnädig!

Wir wollen aufbrechen zu diesem Ziel der Fastenzeit.

FÜRBITTEN

Wir wollen aufbrechen zu dieser Haltung der Fastenzeit: »Gott, sei mir Sünder gnädig.« Deshalb bitten wir dich, Jesus Christus:

- Öffne uns für deine Geschenke der Gegenwart und Zuwendung.
- Laß uns dein Angebot der Vergebung annehmen.
- Hilf uns in unseren Alltagssorgen.
- Gib uns täglich, was wir zum Leben brauchen.
- Steh allen bei, die ein schweres Problem drückt.
- Zeige allen Menschen, die heute sterben müssen, deine Nähe.

Jesus Christus, mit diesen Bitten kommen wir zu dir. Wir ahnen, daß du uns in Liebe zugetan bist, denn du bist unser Bruder und Herr. Amen.

Christiane Bundschuh-Schramm

Eine ganze Familie findet ihr Heil

Vierte Fastenwoche: Montag

BUSSELEMENT

Gott, wir sind hier, dir wollen wir begegnen. Du bist auf der Suche nach uns, zu unserem Glück, zu unserem Heil.

Komm in unsere Müdigkeit, in unseren Trott, in unsere Kraftlosigkeit.
Herr Jesus Christus, du Quelle neuen Lebens:
Herr erbarme dich. – Christus erbarme dich.

Komm in unsere Unruhe, in unser Getriebensein, in unsere Ratlosigkeit.
Herr Jesus Christus, du Hirte unseres Lebens:
Herr, erbarme dich. – Christus, erbarme dich.

Komm in unsere Ratlosigkeit, in unser Suchen, in unsere Zweifel.
Herr Jesus Christus, du Wahrheit unseres Lebens:
Herr, erbarme dich. – Christus, erbarme dich.

Komm in unsere Ängste, in unsere Enge, in unsere Härte.
Herr Jesus Christus, du Weg für unser Leben:
Herr, erbarme dich. – Christus, erbarme dich.

Komm in unsere Trauer, in unsere Kränkungen, in unsere verletzten Herzen.
Herr Jesus Christus, du mildes Licht in unserem Leben:
Herr, erbarme dich. – Christus, erbarme dich.

SCHRIFTTEXT

Joh 4,43–54

PREDIGT

Mit Ihnen möchte ich heute einem Vater begegnen, diesem Mann im königlichen Dienst, der wichtigen Figur unseres Evangeliums. Ihm, dem Familienvater, geht es um die Heilung seines Sohnes, der todkrank zu Hause liegt. Zum Glück ist dieser Wundertäter

gerade nach Kana gekommen. Ihn will er in sein Haus bringen, an das Sterbebett seines Sohnes. Ihm allein traut er noch die Rettung zu. Dann wäre seine Familie wieder intakt und heil.
Aber zu diesem Auftreten Jesu in seinem Haus, vielleicht vor den Augen der ganzen Nachbarschaft, kommt es nicht. Der Vater kommt sich fast abgewiesen vor. Entgegen seiner Erwartung hört er nur das knappe, fast dürftige Wort: »Geh hin! Dein Sohn lebt!« Mehr als dieses Wort Jesu hat er nicht. Seine Wirkung kennt er noch nicht. Er geht – nur mit dem Wort Jesu – zurück in sein Haus, in seine Familie, in sein bedrohtes Leben, in seine Sorge und in seine Angst. Er geht voll Hoffnung und voll Vertrauen zurück. Er traut dem Wort aus dem Mund Jesu. Unterwegs schon kommen ihm Leute aus seinem Haus entgegen: »Dein Sohn lebt!« Beim Zeitvergleich entdeckt der Vater: Es war zur selben Stunde, in der er das Wort aus Jesu Mund gehört hat. Der Vater entdeckt: Das Wort aus dem Mund Jesu bewirkt, was es ansagt. Sein Vertrauen war also nicht umsonst.
Plötzlich überspringt dieser Vater die Mauern, die ihn bisher umgaben. Plötzlich sprengt er die Gewohnheiten und Traditionen, in denen er bisher gelebt hat. Er baut sein Leben auf einen neuen Grund, auf Jesu Wort. Nicht nur er tut das. Er tut das so einladend, daß sein ganzes Haus, also seine Familie und das ganze Gesinde, denselben Schritt tun. Auch sie finden ihr Heil auf dem neuen Fundament, das Jesus gibt und ist. Nicht mehr der König garantiert ab jetzt sein Leben und das seiner Familie, Jesus ist der neue Garant. Nicht mehr Jesu Gegenwart am Krankenbett braucht er, er lebt aus Jesu Wort. Nicht mehr das irdische Heil, in diesem Fall Gesundheit, ist sein Ziel, sondern das Heil, das Jesus schenkt. Er und seine Familie kommen in Bewegung, werden von Jesu Wort berührt und bewegen sich, finden hinein in die neue Bewegung derer, die auf Jesu Wort bauen, die seine Gemeinde sind, die, selber heilgeworden, für das Heil anderer wirken.
Mir geht an diesem Text auf, was für unsere Gemeinde heute von Bedeutung ist. Sie braucht solche Situationen, wo jemand das Heil sucht für seine Familie, wo er dabei selber Heil findet für sich, wo er darin zum Beispiel und Vorbild wird. Der Funke, der auf ihn übergesprungen ist, springt weiter, erfaßt die anderen, begeistert auch sie. Kinder finden nur dann Zutrauen ins Leben,

wenn es der Vater vorlebt. Das ist nach meinem Erleben heute aktueller denn je, wo Väter sich aus der Familie zurückziehen bzw. ihr entzogen werden durch berufliche Forderungen.
Ich denke mir die Geschichte so zu Ende: Die Leute in diesem Haus, also die Familie und das Gesinde, fallen sich voller Glück in die Arme, voller Dankbarkeit. Gott hat gehandelt. Wir sind ein Ort, wo Gott seine neue Welt baut, wir sind selber Bauleute dieser neuen Welt Gottes, wir bezeugen ihn als das Heil und bringen selber dieses Heil. Solche kleinen Gemeinschaften des Gottesvolkes standen am Anfang. Sie werden heute zunehmend wieder nötig.

FÜRBITTEN

Gott, du hast uns in unseren Familien einander geschenkt. Du läßt uns miteinander und füreinander leben. Du schenkst uns das Wort deines Sohnes, der uns führen und formen will. Höre auf uns, denn auf dich, unseren tragenden Grund, bauen wir:

- Für die Väter: Sie sorgen sich für ihre Familien. Hilf ihnen dabei, wenn sie ihr Leben mit ihren Familien teilen.
- Für die Mütter: Oft tragen sie die schweren Lasten. Trag du unsere Mütter. Führe sie auch an stille und ruhige Orte, wo sie ausruhen und sich finden können.
- Für die Kinder: Sie suchen Geborgenheit und Liebe. Hilf du ihren Familien, damit sie Orte sind, an denen Kinder geschützt sind und wachsen können.
- Für die Jugendlichen: Sie suchen Orientierung und Sinn. Laß sie Menschen finden, die sie an ihrem Leben teilhaben lassen und mit ihnen unterwegs sind.
- Für die Alleinerziehenden: Wichtig ist für sie, Verständnis und Rückhalt zu finden. Laß sie in den Gemeinden Heimat finden.

Du, unser Vater, hast uns Menschen in dein Herz geschlossen. Höre auf unser Gebet, und sei mit uns unterwegs, heute und auf allen Wegen unseres Lebens. Amen.

Winfried Häberle

Ich habe keinen Menschen

Vierte Fastenwoche: Dienstag

BUSSELEMENT

Wir alle sind auf Menschen angewiesen, die uns Augen, Ohren und Lippen sind, die uns Hände und Füße sind, die uns Herz in all den Behinderungen unseres Lebens sind. Wir sind auf Menschen angewiesen, die in uns Leben in Fülle ermöglichen.
Ich lade Sie jetzt ein, in aller Stille sich selbst einmal anzuschauen. Nehmen Sie den kleinen, ausgeteilten Spiegel (Handspiegel) in die Hand und schauen Sie in aller Ruhe Ihr Gesicht an, vor allem Ihre Augen, Ihre Ohren und Ihre Lippen.
(Stille)

Wie oft zeige ich mich blind und mache die Augen vor dem Unheil an den Menschen um mich herum zu?
Wie oft zeige ich mich taub und höre weg oder überhöre die Hilferufe meiner Mitmenschen?
Wie oft zeige ich mich stumm und mache meine Hand nicht auf, trotz unsagbarem Unrecht, das Menschen um mich herum erleiden müssen und das angeprangert werden müßte?
Wie oft sagen Menschen auch um mich herum: »Ich habe keinen Menschen«?

Lied: »Herr, erbarme dich« (Erdentöne – Himmelsklang 5,1*)

Schauen Sie jetzt weiter und betrachten Sie Ihre Hände und Füße.
(Stille)

Wie oft verstecke ich meine Hände in den Hosentaschen, um ja nicht handeln zu müssen?
Wie oft benütze ich Hände mehr zum Drohen und Verletzen als zum Tragen und Versöhnen, zum Trösten und Zärtlichsein?
Wie oft strecke ich meine Füße auf dem Sofa aus, um vor allem meine Ruhe zu haben, um ja nicht auf das Elend meiner Mitmenschen zu stoßen?

* Erdentöne–Himmelsklang. Neue geistliche Lieder, Schwabenverlag 1995

Wie oft sagen Menschen auch um mich herum: »Ich habe keinen Menschen«?

Lied: »Christus, erbarme dich« (Erdentöne – Himmelsklang 5,2)

Schauen wir jetzt in uns hinein – in unser Herz.
(Stille)

Wie oft wehren wir herzlos Hilfe ab, wie oft lassen wir herzlos hilfsbedürftige Menschen einfach liegen?
Wie oft ist unser Herz ein Herz aus Stein, unbarmherzig, gnadenlos, egoistisch und hart?
Wie oft sagen Menschen auch um mich herum: »Ich habe keinen Menschen«?

Lied: »Herr, erbarme dich« (Erdentöne – Himmelsklang 5,3)

Herr unser Gott, wir alle brauchen einander und leben von der Hilfe des anderen. Verzeih uns unsere Schuld an dir, an unseren Mitmenschen und auch an uns und schenke uns Versöhnung und Heil. Amen.

SCHRIFTTEXT

Joh 5,1–3a.5–16

PREDIGT

Mitten in der Stadt – am Teich Betesda – liegt ein Gelähmter. Allein kann er sich nicht helfen. Allein kann er nicht weiterkommen, allein kommt er nicht beim Aufwallen des Wassers in das Becken. Allein bleibt ihm so die mögliche Heilung versagt. Er ist auf die Hilfe anderer angewiesen
38 Jahre hofft er vergebens auf diese Hilfe. Keiner bringt ihn zu den Quellen lebendigen Wassers. Direkt neben dem Tempel kümmert sich keiner um sein Heil, um seine mögliche Heilung! Am Teich Betesda, was übersetzt »Haus der Gnade, Haus der Barmherzigkeit« heißt, muß er unbarmherzig mit seiner Krankheit leben und fertig werden. Er muß zu Jesus sagen: »Herr, ich habe keinen Menschen, der mich zu dem Teich trägt.« Ein Ar-

mutszeugnis für alle, die fromm im Tempel ein- und ausgehen? Ein Armutszeugnis für die ganze damalige Gesellschaft? »Herr, ich habe keinen Menschen, der mich zu dem Teich trägt.« Was für ein Geist lebt denn direkt vor dem Tempel? Wohl ist dieser Mann kein Einzelfall – oder?

38 Jahre lebt dieser Gelähmte vor dem Tempel am Teich Betesda.

38 Jahre hört er nur fromme Lieder und leere Gebete.

38 Jahre hört er Worte wie Barmherzigkeit und Gnade, aber erlebt am eigenen Leib nicht, was diese Worte konkret bedeuten könnten. Der Gelähmte kann sich trösten, auch sein Volk war 38 Jahre unterwegs durch die Wüste (vgl. Dtn 2,14). Erst nach 38 Jahren hat sein Volk Gnade und Heil gefunden. Ein schwacher Trost!

Nach 38 Jahren kommt endlich einer – Jesus. Er eilt nicht nur fromm in den Tempel. Er ist nicht mit Blindheit geschlagen, sondern wach genug, den Gelähmten zu sehen und ihn anzusprechen. Nach 38 Jahren kommt einer, der den Gelähmten sieht, ihn anspricht, ihm aufhilft und ihn zu den Quellen lebendigen Wassers führt, damit er Heil und Heilung erfahren kann.

Jesus bricht aus den übrigen Tempelbesuchern heraus. Keine frömmelnden, realitätsfremden Worte gehen ihm von den Lippen, kein arrogantes, selbstsicheres Geschwätz, das nichtssagend und unglaubwürdig in den Ohren eines Hilfesuchenden klingen würde. Nein, Jesus lebt, was er verkündet, mit Hand, Herz und Mund. Mit Leib und Seele ist er Bruder, Freund und Heiland der Menschen.

Er ist ein lebendiger, glaubwürdiger Tempelstein. 38 Jahre mußte der Gelähmte bis zu dieser Begegnung warten. Ein Armutszeugnis ist das für die Heilige Stadt Jerusalem. Aber keiner von uns braucht mit dem Finger auf Jerusalem, auf seinen Tempel und auf den Teich Betesda zu zeigen, denn in und vor den Türen unserer Kirchen sehen wir oft ganz ähnliche Armut.

Liegen nicht auch heute Menschen ohnmächtig und hilflos vor unseren Kirchen und kirchlichen Verwaltungsbetrieben?

Gehen nicht auch heute Menschen achtlos an diesen Hilfsbedürftigen vorüber?

Wird nicht auch heute viel von Barmherzigkeit, Gnade und Heil geredet – leider oft nur geredet?

Wie beim Teich Betesda benötigen auch wir immer wieder in unserer Kirche so etwas wie einen Engel, der bei uns manches anstößt, der schlicht und einfach Bewegung in unseren kirchlichen Teich bringt und abgestandenes Wasser in Wallung versetzt. So und nur so können Menschen darin wieder Leben entdecken, die nötige Heilung und das verheißene Heil finden.
Manchmal habe ich das Gefühl, daß man heute wie damals lieber keinen Engel will, der das abgestandene Wasser wieder in Bewegung setzt. Man liebt stille und tote Wasser und schließt nicht selten solche Engel aus – heute wie damals. Wir alle sind aufgerufen, auf diese Engel zu achten und sie zu schützen. Nur durch sie finden wir zum Heil, zum Leben in Fülle.

GEBET

Heute hat Christus keine Hände,
nur unsere Hände,
um seine Arbeit zu tun,
um für handlungsunfähige Menschen Hand anzulegen.
Heute hat Christus keine Füße,
nur unsere Füße,
um Menschen auf ihren Weg zu führen,
um gelähmte Menschen in Bewegung zu bringen.
Heute hat Christus keine Lippen,
nur unsere Lippen, um Menschen von ihm zu erzählen,
um Stummen eine Stimme zu geben.
Heute hat Christus keine Ohren,
nur unsere Ohren,
um Menschen Gehör zu schenken,
um für gehörlose Menschen ganz Ohr zu sein.
Heute hat Christus keine Augen,
nur unsere Augen,
um das Leid der Menschen zu sehen,
um blindgeborene und blindgewordenen Menschen Orientierung zu geben.
Heute hat Christus keine Hilfe,
nur unsere Hilfe,
um Menschen an seine Seite zu bringen.

Wir sind die einzige Bibel,
die die Öffentlichkeit noch liest.
Wir sind Gottes letzte Botschaft
in Taten und Worten geschrieben.

(Gebet aus dem 14. Jahrhundert mit aktuellen Ergänzungen)

Franz Keil

Hören und leben

Vierte Fastenwoche: Mittwoch

BUSSELEMENT

(Die Gottesdienstmitfeiernden bekommen die Karte von Sieger Köder: »Wie ein Schatten geht der Mensch dahin«. Schwabenverlag, Bestell-Nr. SK 232)

Psalm 39 wird abwechselnd zwischen Vorsänger und Gemeinde gesungen. Danach wird die folgende Besinnung vorgelesen.

Steine ducken sich, schattenhaft,
kein Spielraum dazwischen, kein Atem.
Steine mit oder ohne Kreuz,
keine Blumen, atemlos.
Steine ducken sich, dicht gedrängt,
wohin?
Wenn Steine sprechen könnten:
»Ich bin nur Gast bei dir,
ein Fremdling, wie all meine Väter.«
Endstation von Größe und Herrlichkeit?
Jeder ist gleich hier,
klein oder groß.
Endstation Mensch,
Ende oder Anfang?
Wenn Steine seufzen könnten:
»Ich bin verstummt,
tu meinen Mund nicht auf,
denn so hast du's gefügt.«
Wenn Steine schreien könnten:
»Meine Tage sind nur die Spanne lang,
meine Lebenszeit ist vor dir wie ein Nichts.«
»Wie ein Hauch geht der Mensch dahin,
um ein Nichts macht er Lärm.«

(Waltraud Herbstrith)

GL 495,4 »Herr Jesus, du rufst die Menschen«

SCHRIFTTEXT

Joh 5,17–30

PREDIGT

Hören, glauben, leben – so einfach ist das:
»Wer mein Wort hört und dem glaubt, der mich gesandt hat, hat das ewige Leben« – so einfach ist das eben nicht, möchte ich Jesus widersprechen. Denn jeder dieser Schritte einzeln für sich genommen – hören und glauben – ist schon schwer genug. Und erst recht führt die Hoffnung auf eine Stimme, die Tote erwecken kann, uns an ein unüberwindbares Hindernis. Denn wie soll das gehen: daß Tote hören können?
Und ich frage weiter: Wie soll das gehen, daß alle, die in den Gräbern sind, Gottes Stimme hören werden und so aus den Gräbern kommen? Ist da nicht der Psalm zu Beginn dieses Gottesdienstes realistischer, der keinen Zweifel aufkommen läßt über die letzte Bestimmung des Menschen, die sich überdies sehr gut mit unseren Erfahrungen deckt: Tot ist tot, und Grab bleibt Grab, und »wie ein Schatten geht der Mensch dahin«, und noch nie ist einer zurückgekommen. Die Fragen, wie es denn nach dem Tod weitergehen, gut ausgehen soll, führt uns in unser Leben vor dem Tod. Dort wächst an Beziehung und reift in liebender Verbindung, was sich zu wachem Leben zusammenfügt. Oder es bricht tödlich zusammen und auseinander, was dann stumm vergeht und verwest. Leben kommt immer nur aus Leben, und aus dem Tod kann nur der Tod folgen.
Jesus ist der Zeuge einer anderen Wahrheit: In den Begegnungen, die er gelebt, und in den Beziehungen, die er gestiftet hat, kommen die, die in sich die Spuren des Todes trugen, zu neuem Leben: Blinde sehen, Taube hören, Lahme können gehen, und Tote stehen auf. In ihm wird die Verheißung aus der Lesung des Propheten Jesaja wahr und lebenspendend für diejenigen, die schon in den Todeszonen leben: Gefangene werden befreit, denen, die in der Finsternis leben, erscheint ein lebendiges Licht, weder Hunger noch Durst quälen Menschen zu Tode. Aber dies gelingt nicht durch eigene Verdienste und Möglichkeiten. Leben gelingt

nur im bereiten Hören und im Vertrauen, daß das Gehörte wahr ist, weil es aus dem kommt, der die Wahrheit und das Leben ist. Die Begegnungs- und Beziehungsgeschichten Jesu wecken diese Hoffnung angesichts von Vergänglichkeit und den großen und kleinen Toden in uns und um uns: Menschen, die hören konnten, lebten auf, als sie das Wort hörten: Komm, oder: Steh auf, oder: Dir sei vergeben, oder: Dir ist Heil geschenkt. Und wenn sie nicht hören konnten, weil der Zugang zu diesem Wort in ihnen versperrt war oder sie sich dieser Stimme gegenüber versperrten, kam Jesus ganz nahe zu ihnen, berührte sie zärtlich und weckte in ihnen das schon abgestorbene Vertrauen ins Leben. Und die, die ein neues »Gehör« bekamen, an denen das Wunder geschah, daß sie sich öffnen konnten, die wurden ins Leben zurückgeholt. Geschenktes, neues Leben. Und die Lebensgeschichte Jesu zeigt und verspricht, daß dieses Leben »ewiges« Leben ist, »Ewigkeitscharakter« hat. Wer diesen Klang im Ohr hat und im Ohr behält: »Komm heraus aus deinem Grab«, der wird im Leben bleiben, auch wenn der Schatten des Todes aus dieser Welt über ihn fällt. Tote können nur hören, weil der Klang des österlichen Halleluja, dem sie zu Lebzeiten gelauscht haben, alles andere übertönt, sogar die Stimme des Todesboten. Österliche Bußzeit wäre damit eine Zeit, das Hören auf das Halleluja einzuüben, mit ein wenig Zeit und Stille, so lange, bis das Herz selber miteinstimmt, bis es »auswendig« mitsingen kann oder es in ihm weitersingt: Ich lebe, und auch du wirst leben.

(Vielleicht bleibt noch Zeit, das Händelsche Halleluja aus seinem Messias zu hören.)

FÜRBITTEN

Lasset uns beten zu Jesus Christus, dessen Wort aufleben und leben läßt:

- Für alle, die beauftragt und gesendet sind, die Botschaft vom österlichen Leben weiterzusagen: um Hoffnung und neuen Mut zum Hören.
  (Christus, höre uns. – Christus, erhöre uns.)

- Für alle, die in ihrem Glauben an das Leben erschüttert wurden und die nicht mehr weiter wissen: um die Begegnung mit einem Menschen, der ihnen ein lebenspendendes Wort der Liebe sagt.
- Für alle, die erst lernen, aus den vielen Stimmen und Lauten das österliche Halleluja herauszuhören: um glaubwürdige Begleiterinnen und Begleiter auf ihrem Weg.
- Für uns alle in diesen Tagen der Besinnung und der Umkehr: um das Geschenk eines befreienden und heilenden Wortes.

Herr Jesus Christus, laß an uns geschehen, was du uns verheißen hast. Öffne uns durch das Wort, das leben läßt und uns Anteil schenkt an deinem Leben. Wir loben und preisen dich. Amen.

Wolfgang Tripp

Berufen, Zeugen des Lebens zu sein

Vierte Fastenwoche: Donnerstag

BUSSELEMENT

Um Gottes Tisch sind wir zusammen. Er steht nicht nur mitten in unserer Gemeinde, er steht auch mitten in unserem Leben. Seiner Einladung sind wir wieder gefolgt. Gott will an uns seinen Dienst tun. Den Becher unseres Lebens füllt er wieder bis zum Rand. Er schenkt sich uns mit seinem Wort, seinem Leben, seinem Geist. Wir wollen uns Raum schaffen für ihn.

Guter Gott, hilf uns jetzt,
- loszulassen alle lauten und lärmenden Gedanken und Ereignisse *(Stille)*;
- loszulassen unser Gekränktsein und Beleidigtsein *(Stille)*;
- loszulassen unsere Suche nach Geltung und Anerkennung *(Stille)*;
- loszulassen unser Grübeln im verflossenen Gestern *(Stille)*;
- loszulassen unsere Sorge um das noch lange nicht erreichte Morgen *(Stille)*,

damit Platz wird für dich, dein Wort, deinen Geist und dein Leben. Amen.

SCHRIFTTEXT

Joh 5,31–47

PREDIGT

Nach dem Lesen dieses Evangeliums läßt mich das Wort »Zeugnis« nicht mehr los. In diesen Versen wird vom Zeugnis verschiedener gesprochen: an Mose Zeugnis wird erinnert und an das Johannes des Täufers, Jesus legt Zeugnis ab, und der Vater im Himmel legt Zeugnis ab. Drei Zeugen sollen Jesu Zeugnis bestätigen, sollen die Richtigkeit seines Lebenszeugnisses unterstreichen und unanfechtbar machen. In damaligen Gerichtsverfahren war das die Praxis, um ein Zeugnis endgültig und unumstößlich zu machen.

Jesus ringt mit den Menschen, sein Zeugnis vom Vater anzunehmen. Er macht das mit Wort und Tat, mit dem Totaleinsatz seines Lebens. Mit Haut und Haar lebt er sein Zeugnis vom Vater bis hinein in den drohenden, tödlichen Konflikt. So bezeugt er seine Liebe zum Vater und zu uns Menschen. Er ist dabei vom Vertrauen getragen, daß der Vater ihn bezeugen wird. Nur, mehr als Vertrauen hat er auch nicht, da unterscheidet er sich in keiner Weise von uns.

Beim Nachdenken über dieses Zeugnis komme ich immer mehr zu uns, zur Frage nach unserem Lebenszeugnis. Ich suche nach dem, was wir von Gott so erfahren haben, daß wir es in unser Leben aufnehmen, zu unserem Leben machen. Was haben wir von Gottes Reich gesehen und dann gebaut? Was ist so aus der Tiefe unseres Menschseins, da wo wir ganz »ich« sind, nach außen gedrungen in Worten, Taten, Werten, Haltungen, Zielen?

Erinnern wir uns unserer Berufung: Wir sind getauft und gefirmt, also mit Gottes Geist ausgestattet. So sehen wir die Menschen mit Gottes Augen, so hören wir sie mit seinen Ohren reden, so nehmen wir sie mit seinem Herzen wahr und an. Und dafür sind wir befähigt, Zeugen seiner Taten in unserem Leben zu sein, Zeugen der Wirkungen seines Lebens in unserem und durch unser Leben. Das ist unsere Berufung.

Ich sage es im Bild so: In unser Neues Testament sind zusätzlich leere Seiten eingebunden. Und diese Seiten können wir jetzt füllen, nach und nach. Lehrsätze und Gebote haben da keinen Platz. Dagegen tauchen auf diesen Seiten unsere Lebensgeschichten auf, die nämlich, in denen sich Gott gezeigt und erfahrbar gemacht hat. Das sind die Geschichten unserer Begegnungen, die uns zum Guten hin verwandelt haben oder wo wir einen Menschen zum Leben geführt haben.

Fragen wir doch diesen Zachäus aus Jericho, dort Bürger und Zolleintreiber, den viele für einen öffentlichen Sünder halten und so behandeln: »Zachäus, erzähle uns von einem dein Leben verwandelnden Ereignis!« Ich nehme an, er erzählt: »Jesus ist mir auf einer Straße in Jericho begegnet. Er hat mich nicht mehr losgelassen; er hatte die Kraft, mich und viele andere zu verändern. Er hat mir Halt geschenkt und Anerkenung, ja Wertschätzung. Er war bei meinem Fest. Plötzlich waren wir alle, vorher Randsiedler und Übersehene, im Mittelpunkt des Lebens. Ich habe keinen Baum mehr gebraucht, um jemand zu sein, keinen dicken Geldbeutel mehr, um etwas zu gelten. Ich habe angefangen, mein Leben zu teilen, und habe mich für andere klein gemacht. Ich habe sie aufgerichtet und ihnen Mut gemacht. So habe ich es heilend an mir erfahren.«

Und wir? Was können wir als unser Lebenszeugnis auf diese leeren Seiten schreiben in das Buch von Gottes Geschichte mit uns? Was ist unser Lebenszeugnis für andere?

Aufhören will ich mit Sätzen von Thomas Merton aus dem »Brief an James Forest«: »Mir hängen, ehrlich gesagt, alle Ideale und Gründe zum Hals heraus. Das klingt wie eine Häresie, aber ich denke, du verstehst, was ich meine. Es ist so leicht, sich vollzustopfen mit Ideen und Parolen und Programmen und Mythen, aber zu guter Letzt steht man mit leeren Taschen da, und man hat nichts mehr, was einen trägt. Und dann ist man versucht, nur desto lauter seine Parolen zu schreien, um sich irgendwie einen tragbaren Sinn vorzugaukeln. Worauf letzten Endes alles ankommt, ist wirklich zu leben und nicht dein Leben zu verpuffen im Dienst irgendeines Mythos. Und wir neigen dazu, die besten Dinge zu Mythen zu verkehren.«

GEBET

Gott, du bist in unser Leben gekommen. Du bist uns begegnet. So haben wir erfahren und erfahren es immer wieder neu, wer wir sind: dir kostbar und dir wichtig. Dir danken wir, daß du groß von uns denkst; danke, daß du uns begegnest. So bringst du Freude und Glück in unser Leben.

Danke auch, daß du uns brauchen kannst, dein Leben zu bezeugen, dein Leben zu den Menschen zu bringen. Stärke uns für diesen Tag, für die nächste Begegnung, für den nächsten Besuch, für unser Handeln heute. Laß uns einander annehmen und uns so gegenseitig Wert und Kostbarkeit schenken. So bitten wir durch Christus, unseren Herrn. Amen.

Winfried Häberle

Gelebtes Evangelium, ein lebendiger Vorwurf – damals und heute

Vierte Fastenwoche: Freitag

BUSSELEMENT

Wer das Evangelium konsequent leben will, macht sich nicht selten zum lebendigen Vorwurf für seine Umwelt.
Wer das Evangelium konsequent leben will, provoziert, einem Narren ähnlich, seine Mitmenschen.
Wer das Evangelium konsequent leben will, muß oft gegen den Strom schwimmen, macht sich unbeliebt, stößt an und muß oft herbe Konsequenzen ertragen.

Das Bild mit dem Narren am Kreuz, gemalt von Sieger Köder, zeigt uns dies:

(Dia zeigen von Sieger Köder, »Wir sind zum Schauspiel geworden für die Welt« aus: Bilder zum Neuen Testament, Schwabenverlag. Dazu Musik: »Ich will ein Narr für das Leben sein«, von der Gruppe Kontakte, Text: Christa Peikert-Flaspöhler. Schallplatte: »Ich will ein Narr sein«, Kontakte-Musikverlag Lippstadt)

ich will ein Narr für das Leben sein

ich will ein Narr für das Leben sein
nicht ein Bürger für den Tod
lieber stecke ich Spott und Hochmut ein
und hoffe, ihr laßt mich nicht allein
stromgegen im kleinen Boot

  ich stimme für Kinder aller Rassen
  denn ihnen gehört die Welt
  ich stimme gegen das große Geld

ich will ein Narr für das Leben sein …

  ich stimme für Brot in jede Hand
  denn die Erde ist reich bedacht
  ich stimme gegen Habgier und Macht

ich will ein Narr für das Leben sein …

ich stimme für Tiere, Wasser und Gras
für das Leben in jeder Gestalt
ich stimme gegen Haß und Gewalt

ich will ein Narr für das Leben sein …

ich stimme für Hoffnung, Freude und Mut
denn Gott bleibt uns jederzeit treu
ich bitte ihn: mache uns neu

ich will ein Narr für das Leben sein
nicht ein Bürger für den Tod
lieber stecke ich Spott und Hochmut ein
und hoffe, ihr laßt mich nicht allein
stromgegen im kleinen Boot

(Christa Peikert-Flaspöhler)

Auch wenn wir oft Narren für das Leben,
Narren um Christi willen sein wollen,
auch wenn wir gegen den Strom schwimmen
und zum lebendigen Vorwurf uns hervortun wollen,
wann immer das Evangelium mißachtet wird,
spüren wir die Ohnmacht, unseren Mund aufzutun
und Anwalt des Evangeliums zu sein,
haben Angst, unseren Mund und unsere Zunge dabei zu verbrennen.
Herr, erbarme dich.

Auch wenn wir oft Narren für das Leben,
Narren um Christi willen sein wollen,
auch wenn wir gegen den Strom schwimmen
und zum lebendigen Vorwurf uns hervortun wollen,
wann immer das Evangelium im Leben ungeachtet oder gar mißachtet wird,
spüren wir unsere Handlungsunfähigkeit, weil wir Angst haben, dabei unsere Hände schmutzig zu machen und sie in etwas hineinzubringen, was sehr weh tut.
Christus, erbarme dich.

Auch wenn wir oft Narren für das Leben,
Narren um Christi willen sein wollen,
auch wenn wir gegen den Strom schwimmen
und zum lebendigen Vorwurf uns hervortun wollen,
wann immer das Evangelium im Leben ungeachtet oder gar mißachtet wird,
spüren wir unsere Bequemlichkeit und Trägheit,
bleiben lieber im Warmen, bevor wir uns nach draußen auf die Straße bewegen,
dorthin, wo viele Menschen in Nacht und Kälte frieren müssen und gequält werden.
Herr, erbarme dich.

Gott hat uns Jesus, seinen Sohn, gesandt, uns Menschen zu heilen, zu retten. Er will uns ermutigen, konsequent nach dem Evangelium zu leben. Er wurde Mensch, damit wir menschliche Menschen werden können. Er wurde zum Narr der Liebe, damit auch wir Narren um seinetwillen und um der Menschen willen werden. Er rette uns, und mache uns frei von allem, was uns belastet und wo wir schuldig geworden sind. Er stärke uns immer wieder, nach seinem Beispiel, einem Narren im Alltag zu gleichen, der konsequent für das Evangelium einsteht und danach lebt. Das erbitten wir heute, morgen, immer. Amen.

Damit wir uns immer wieder erinnern, Narr um Christi willen zu sein, möchte ich Ihnen eine Narrenkarte zur Erinnerung schenken. *(vgl. Karten über Narren und Harlekine von Sieger Köder, die beim Schwabenverlag erschienen sind)*

SCHRIFTTEXT

Weish 2,1a.12–22

PREDIGT

Aufrichtige und rechtschaffene Menschen, Menschen, die nach dem Evangelium handeln, haben es nicht immer leicht, in unserer Welt zu leben und zu wirken. Meist bekommen sie gerade deshalb große Probleme mit ihren Mitmenschen. Nach dem

Evangelium zu leben, bedeutet oft, gegen den Strom zu schwimmen, bedeutet oft aufzustehen, ja den Aufstand zu proben um Gottes und der Menschen willen. Heiligmäßige und heiliggesprochene Persönlichkeiten aus der Vergangenheit kommen mir spontan in den Sinn. Sie waren Narren um Christi willen, denn sie konnten sich nicht einfügen in die fern vom Evangelium geltenden Ordnungen, die die üblichen Spielregeln der Gesellschaft oder der Regierenden waren. Zwangsläufig wurden solche Narren um Christi willen, wie auch Christus selbst, zu Außenseitern, zu Randfiguren, aber, wie jeder Hofnarr im Mittelalter auch, zum lebendigen Vorwurf.

Mir fällt Franz von Assisi ein, der mit seinem Leben in Armut wirklich einen lebendigen Vorwurf für die reiche Kirche im Mittelalter darstellte. Ich sehe auch heute viele Menschen, die ganz nach dem Evangelium ihr Leben und Wirken ausgerichtet haben und zu großen Gestalten und zu überzeugenden Persönlichkeiten sich hervortaten. Auch sie wurden für viele, einem Narren ähnlich, zum lebendigen Vorwurf.

Zum lebendigen Vorwurf für Regierende wurden die Soldatenmütter in Tschetschenien, genauso wie die Witwen während der argentinischen Diktatur auf der »Plaza de Mayo«, als diese jeden Tag über Transparente die Regierung nach ihren Söhnen und Männern fragten.

Zum lebendigen Vorwurf in unserer Kirche heute fällt mir der frühere Bischof von Evreux, Jacques Gaillot, ein, der so gar nicht in den kirchlichen Rahmen paßte. Kompromißlos machte sich dieser sympathische Bischof stark für Außenseiter in Kirche und Staat. Seine Leidenschaft war und ist die Liebe zum Menschen, unabhängig davon, ob die Menschen im Einklang mit staatlichen wie kirchlichen Regeln und Normen stehen.

All diese großartigen Menschen sind meist recht unbequem für Kirche, Gesellschaft und Staat, und sie haben und hatten es meist auch nicht leicht in ihrem Leben. Sie fordern Veränderung, Umdenken, ja Umkehr, weil Weitermachen wie bisher gegen Gott und die Menschen ist. Wie Narren halten sie mit der Kritik nicht hinterm Berg und haben mit Konsequenzen zu rechnen. Selten nehmen die Kritisierten die Kritik an und gehen auf Änderungsvorschläge ein. Sie haben Angst, dabei das Ge-

sicht zu verlieren. Meistens handeln sie nach dem Grundsatz: »Wer sich nicht ändern will, versucht den zu beseitigen, der ihn dazu auffordert.« Hier wird versucht, den lebendigen Vorwurf zu eliminieren, zu töten, abzusetzen und zu entfernen. Nur so gibt es wieder Ruhe. Was die Lesung aus dem Buch der Weisheit (1. Jh. vor Christi Geburt) sagt, beschreibt in verblüffender Genauigkeit das, was Jesus als Narr und als lebendiger Vorwurf zu seiner damaligen Zeit erleben und erleiden mußte. Gerade für die Verantwortlichen der Religion war Jesus zweifellos ein Narr, ein lebendiger Vorwurf. Pharisäer und Schriftgelehrte fühlten sich durch sein Wirken und Reden provoziert. Jesus paßte nicht in ihr festgezimmertes Messiasbild. Trotz bemerkenswerten Wundern trat Jesus nicht selten in den Augen der Religionsdiener als Unruhestifter und Revolutionär auf. Sie fühlten sich in Frage gestellt und sahen sich herausgefordert zu handeln. Und sie handelten ganz ähnlich wie auch die meisten Verantwortlichen heute zu handeln pflegen, also nach dem Prinzip: »Wer sich nicht ändern will, versucht den zu beseitigen, der ihn dazu auffordert.« Damit verteidigten sie auch ihre Lebensweise und behielten zunächst ihr Gesicht.
Weil das Evangelium, das Jesus lebte und verkündete und das nach ihm noch viele andere zu leben versuchten, sozialen Sprengstoff enthält und die Leute zu Narren und lebendigen Vorwürfen machte, mußten viele sterben. Viele müssen auch heute noch gravierende Schwierigkeiten erleiden. Ist es deshalb nicht klüger, den Mund zu halten, wenn andere unmenschlich gequält werden, damit ich dabei nicht meinen Mund und meine Zunge verbrenne? Ist es deshalb nicht klüger, nirgends Hände und Finger reinzubringen, damit ich mich nicht unnötig dreckig mache? Ist es deshalb nicht klüger, in der warmen, behaglichen Stube zu bleiben, als draußen mit den Menschen zu frieren, die auf der Straße leben?
Nach dem Evangelium zu leben, ist kein Zuckerschlecken. Ich glaube aber, es macht unsere Welt, unsere Kirche, unsere Familien lebenswerter und menschlicher. So möchte auch ich mit meinen bescheidenen Möglichkeiten danach zu leben versuchen und mit Leidenschaft, ob gelegen oder ungelegen, den Aufstand für das Leben proben. Auch ich möchte ein Narr um Christi wil-

len sein und mit vielen anderen zum lebendigen Vorwurf werden, bei all denen, für die Gott und Mensch immer mehr unter die Räder zu kommen scheint.

GEBET

Herr unser Gott, wir danken dir, daß du uns deinen Sohn Jesus Christus geschenkt hast. Er glich oft einem Narren und wurde für viele zum lebendigen Vorwurf. Mit seinen Maßstäben stellte er viele Gewohnheiten, Sitten, Gesetze und Normen in Frage. Überall, wo Menschen in unmenschlichen Ordnungen leben mußten, spielte er verrückt und rückte die Dinge wieder zurecht. Weise uns seinen Weg, und laß uns zu seiner Narrenschar gehören und in seine Fußstapfen treten, wie es schon zahlreiche überzeugte Christen vor uns vorgelebt haben. Das erbitten wir durch Christus unseren Herrn. Amen.

Franz Keil

Es entstand seinetwegen eine Spaltung

Vierte Fastenwoche: Samstag

BUSSELEMENT

(Zu jedem Kyrie-Ruf wird ein Stück Holz gespalten – nach den Rufen genügend Zeit zur Besinnung lassen.)

Herr, wir bekennen:

Es gibt Spaltung zwischen arm und reich, zwischen Einheimischen und Fremden, zwischen Arbeitslosen und Arbeitenden.
Kyrie eleison.

Es gibt Spaltung zwischen jung und alt, zwischen Eltern und Kindern, zwischen Nachbarn oben und unten, zwischen Chefs und Angestellten.
Kyrie eleison.

Es gibt Spaltung in meinem Herzen und in meinem Denken, in meinem Glauben und in meinem Lieben, in meinem Wollen und in meinem Fühlen.
Kyrie eleison.

Es gibt Spaltung in deinem Volk, in der Christenheit, in deiner Gemeinde.
Kyrie eleison.

Herr, sei du unsere Versöhnung. Heile du, was wir nicht heilen können. Vergib du, wo wir Wunden geschlagen haben. Befreie uns von allem, was uns gefangen und gefesselt hält und uns hindert, Brücken der Verständigung zu schlagen. Erbarme dich unser. Amen.

SCHRIFTTEXT

Joh 7,40–51

PREDIGT

Spaltung entstand –
nicht nur wegen diesem oder jenem
nicht nur wegen unterschiedlicher politischer Einschätzungen
nicht nur wegen geänderter Gesetze
nicht nur wegen drohender Verschlechterung der guten Sitten

sondern
seinetwegen

Spaltung entstand –
zwischen den einen und den anderen
zwischen Frommen und Frommen
zwischen Bibelkundigen und Bibelkundigen
zwischen denen aus dem Volk und denen aus dem Volk

seinetwegen

Spaltung entstand –
zwischen Hohenpriestern und Gerichtsdienern
zwischen Pharisäern und Jüngern
zwischen denen von hier und denen von dort
zwischen Hohem Rat und Volk

seinetwegen

wegen was?

wegen seiner Worte
wegen seiner Taten
wegen seiner Wunder
wegen seiner Liebe

deswegen

es entstand Spaltung

weil er Gott für sich in Anspruch nahm
weil er mit dem Anspruch Gottes auftrat
weil er sich vor den Menschen stellte
weil er Gott-Mensch war

deswegen

es entstand Spaltung

hosianna, nein: kreuzige ihn
er ist des Todes schuldig, nein: hochgelobt sei er
er lästert Gott, nein: er ist der Messias
er ist ein Gottloser, nein: er ist Gottes Sohn

es entstand so Spaltung in der Menge – seinetwegen

die Menschen spalteten sich
das Volk spaltete sich
die Gemeinde spaltete sich
die Gemeinschaft spaltete sich

seinetwegen?
ja – weil er sagte:
mein Fleisch ist euer Leben
mein Blut ist euere Versöhnung
mein Tod ist euer Leben
so kam es zur Spaltung – seinetwegen

weil er Sündern verzieh
weil er Aussätzige umarmte
weil er Frauen liebte
weil er Ausgestoßene bei sich aufnahm

und so entsteht Spaltung – auch heute
zwischen Glaube und Unglaube
zwischen Gerechtigkeit und Ungerechtigkeit
zwischen Versöhnung und Haß
zwischen Leben und Tod

es spaltet

das Kreuz
der Gekreuzigte
der Getötete
der Lebendige

und mitten in die Spaltung hinein

haucht er seinen Geist aus
vergießt er Wasser des Lebens
verströmt er Blut der Liebe
spricht er Worte der Vergebung

da spalten sich

Felsen der Feindschaft
Gräber der Verwesung
Ketten des Todes
Waffen der Gewalt

und mitten in der Spaltung – seinetwegen

verbinden sich Himmel und Erde
versöhnen sich Gott und Mensch
vereinen sich Brüder und Schwestern
erstehen Tote zum Leben

seinetwegen

GEBET

Jesus, Bruder und Herr,
sei lebendig in unserer Mitte als unser Friede,
als der Friede in unseren Herzen und in unseren Wohnungen,
an unseren Arbeitsplätzen und auf unseren Straßen.
Öffne uns für deinen Geist, der belebt, was erstarrt ist,
der wärmt, was erkaltet ist,
der versöhnt, was zerbrochen ist.
Jesus,
stärke unser Vertrauen auf deinen Weg, auf deine Weggemeinschaft und auf die Verheißung deines Lebens. Amen.

Wolfgang Tripp

Freigesprochen

Fünfte Fastenwoche: Montag

BUSSELEMENT

Herr, dieser neue Tag ist der erste vom Rest unseres Lebens.
Öffne uns die Augen,
damit wir ihn sehen als dein Geschenk,
damit wir den Menschen offen begegnen und nicht engherzig urteilen,
damit wir dem Frieden dienen und nicht Gräben aufreißen,
damit wir das Gute, das wir heute tun können, nicht auf morgen verschieben,
damit wir Schuld verzeihen und uns versöhnen, bevor es zu spät ist.

Herr, erbarme dich.
Christus, erbarme dich.
Herr, erbarme dich.

SCHRIFTTEXTE

Dan 13 und Joh 8,1–11

PREDIGT

Es gibt einen verhängnisvollen Drang in uns Menschen, andere, die uns aus irgendwelchen Gründen nicht sympathisch sind, klein zu machen oder sie in ein schlechtes Licht zu stellen. Es ist ein Leichtes, Fehler an Menschen zu entdecken, die unser negatives Urteil bestätigen. Suchen wir nach Gründen für solche Vorurteile, so finden wir sie meist im eigenen Herzen: Weil wir unsere eigenen »Macken« hassen und nicht sehen und annehmen wollen, müssen wir andere »niedermachen«.
Das Buch Daniel erzählt eine solche Geschichte: die Intrige gegen Susanna wird am Ende aufgedeckt, und es erweist sich, daß Gott auf der Seite der unschuldig Beklagten steht. Leider erhalten die unschuldig Angeklagten in dieser Welt oft genug ihr Recht

nicht. Ihr Schicksal ist und bleibt eine große Anfrage an uns – und an Gott!

Die Frau im Evangelium, die vor Jesus gebracht wird, hat – anders als Susanna – erwiesenermaßen Ehebruch begangen. Sie *ist* schuldig. Einmal abgesehen davon, daß in biblischer Zeit die Frauen rechtlos waren gegenüber den Männern, die sich viel erlauben konnten – die Frau wird zu recht beschuldigt. Und trotzdem wendet sich Jesus nicht gegen die Frau, sondern gegen die Ankläger: »Wer von euch ohne Sünde ist, werfe den ersten Stein!« Daß Gott Anwalt der Unschuldigen ist (wie bei Susanna), das erwarten wir. Aber Anwalt der Schuldigen? Romantisieren wir die Geschichte nicht – nach dem Motto: die arme Frau und die bösen Pharisäer! Es geht hier nicht bloß um persönliche Mißgunst, sondern ums Urteilen überhaupt. Freilich: jede Gesellschaft braucht Recht und Ordnung und wird ohne Gerichtsurteil und Strafrecht nicht auskommen. Aber Jesus verwehrt es uns, daß wir uns als »Unbescholtene« über andere erheben. Jeder von uns ist auf Gottes Erbarmen angewiesen, wenn er in die dunklen Winkel seiner Seele schaut. Es gibt eine »Gemeinschaft in der Schuld«, die nicht alles billig einebnet (»wir sind doch alle kleine Sünderlein«), die uns aber aufruft, vor der eigenen Tür zu kehren, und verbietet, aufzurechnen und zu verurteilen.

Jesus jedenfalls ist gekommen, nicht zu richten, sondern zu retten und aufzu-richten. Ihm nachfolgen heißt, das Richten zu lassen und sich gleich ihm ans Auf-Richten zu machen.

FÜRBITTEN

Herr Jesus Christus, nicht um zu richten, bist du gekommen, sondern zu retten und aufzurichten. Wir bitten:

- Für Menschen, die unschuldig verdächtigt und verleumdet werden: Laß die Wahrheit ans Licht kommen.
  (Christus, höre uns. – Christus, erhöre uns.)
- Für die, die Schuld auf sich geladen haben und sich selbst verachten: Schenke Versöhnung und die Kraft zu einem neuen Anfang.

- Für die Menschen, über die wir ungerecht geurteilt haben: Segne ihren Weg und hilf, daß wir einander mit deinen Augen sehen.
- Für Richter und Rechtsanwälte, die Recht sprechen und der Gerechtigkeit dienen sollen: Erleuchte sie durch deinen Geist.

Denn dir hat der Vater das letzte Wort gegeben über uns Menschen. Erbarme dich unser. Amen.

Thomas Keller

Aufgerichtet

Fünfte Fastenwoche: Dienstag

BUSSELEMENT

Herr, wenn ich glaube, daß mein Herz von Liebe überfließt,
und dann in ehrlichem Erkennen merke,
daß nur ich es bin, den ich liebe:
dann erlöse mich von mir selbst.

Herr, wenn ich glaube, alles was ich zu geben habe, gegeben zu haben,
und in ehrlichem Erkennen merke,
daß ich selbst es bin, der empfängt:
dann erlöse mich von mir selbst.

Herr, wenn ich mir eingeredet habe, daß ich arm bin,
und in ehrlichem Erkennen merke,
daß ich reich an Stolz und Neid bin:
dann erlöse mich von mir selbst.

Und wenn, Herr, das Königreich des Himmels
sich trügerisch mit den Königreichen dieser Welt vermischt,
laß mich mit nichts zufrieden sein
als mit Gott allein.

(Mutter Teresa)

SCHRIFTTEXTE

Num 21,4–9 und Joh 8,21–30

PREDIGT

Die Sache mit der Schlange auf der Fahnenstange riecht verdächtig nach Aberglaube. Und offenbar gab es tatsächlich in Jerusalem zur Königszeit ein Schlangenbildnis, das vom Volk verehrt wurde – und deshalb vom frommen König Hiskjia beseitigt wurde. Wie dem auch sei – im Buch Numeri ist die Geschichte mit der Schlange nicht als Hokuspokus zu verstehen, sondern sehr hintergründig: das Volk, das auf dem Wüstenweg nicht

mehr weitergehen will, nur noch angstvoll auf den Boden stiert und das Ziel aus den Augen verloren hat, es soll aufblicken und zur Besinnung kommen, was die Schlangenplage ihm zu sagen hat. Leben gibt es nur im Aufblick zu dem, der Israel in die Freiheit führen will!
Im Johannesevangelium wird dieses Bild von der Kupferschlange auf dem Pfahl kühn übertragen auf den ans Kreuz gehängten Christus. »Wenn ihr den Menschensohn erhöht habt, werdet ihr erkennen, daß ich es bin …« Im Aufblick zum Gekreuzigten erkennen wir, was uns Heil und Leben bringt. Wie sollen wir das verstehen?
Tatsächlich konnten die Jünger ja erst im Licht von Kreuz und Auferstehung (die im Johannesevangelium in eins gesehen sind!) die Wahrheit Jesu erkennen. Erst im Aufblick zu ihm, dem so »Erhöhten«, erfassen sie, daß gerade in seinem Weg nach unten, dem Weg in die Passion und Hingabe seines Lebens, Gottes Liebe zum Menschen ans Ziel kommt. Wenn wir unser Heil nur in der Absicherung unseres eigenen Lebens suchen, werden uns die Giftschlangen der Selbstsucht und ängstlichen Sorge an den Boden heften. Aber wenn wir aufschauen zu ihm, der sein Leben losläßt und hergibt, und in seine Fußstapfen treten, werden wir das Leben gewinnen. »Wer sein Leben hergibt und einsetzt – um des Reiches Gottes willen –, der wird es gewinnen!«

GEBET

Herr unser Gott.
So oft lassen wir Menschen uns blenden
von äußerer Macht und Ehre.
Du aber stellst uns Jesus Christus vor Augen,
den Gekreuzigten und in den Augen der Welt Gescheiterten.
Er ist das Zeichen des Heils,
das aufgerichtet ist unter uns.
Laß uns im Aufblick zu ihm erkennen,
daß der das Leben gewinnt, der es gibt
nach dem Beispiel Jesu Christi,
unseres Bruders und Herrn. Amen.

Thomas Keller

Wahrheit, die frei macht

Fünfte Fastenwoche: Mittwoch

BUSSELEMENT

Herr Jesus Christus, Wegbegleiter und Wegbereiter unseres Lebens, wir rufen dich um Hilfe an, um zur Wahrheit zu gelangen.

Wahrheit gibt es nicht, wenn sie nicht in Freiheit gelebt werden kann.
Hilf uns, zueinander zu finden.

Wahrheit kann nicht gelebt werden, wenn der Mut dazu fehlt.
Hilf jedem zu seinem Weg.

Wahrheit können wir nicht finden, wenn unbarmherzige Härte der Preis dafür ist.
Hilf uns, damit wir nicht aus Barmherzigkeit lügen.

Wahrheit kann nicht ertragen werden, wenn sie allein dem anderen zugemutet wird.
Hilf mir zum nächsten Schritt.

Herr, erbarme dich.
Christus, erbarme dich.
Herr, erbarme dich.

SCHRIFTTEXT

Joh 8,31–42

PREDIGT

Die Wahrheit wird euch frei machen

Das Christentum hat Sätze in die Welt geschrieben, die nicht tot zu kriegen sind. Menschen haben danach gelebt und sind dafür gestorben. Der heutige Satz des Evangeliums gehört zu diesen Sätzen: Die Wahrheit wird euch frei machen. Der Satz ist so genial, so umfassend, daß er Allgemeingut der Menschheit ist, ob er vom Christentum erfunden wurde oder nicht, da er so oder ähnlich bei denkenden Menschen und in den Religionen vorkommt. Aber er stammt aus dem Christentum! Er ist Urgut des Evangeliums: Die Wahrheit ist die Wahrheit, die Christus bringt, und sie allein macht frei. Oder mindestens so: Wo Freiheit sich ereignet, ist die Wahrheit am Wirken, und gegen die Wahrheit kann niemals Freiheit sich ereignen.

Die Wahrheit macht frei

Wahrheit ohne Freiheit haben Diktatoren produziert, und Gewaltherrscher haben versucht, sich und die eigenen Gelüste und Ideologien als Wahrheit zu verkaufen. Sie sind allemal gescheitert, weil ihre Wahrheit geknechtet und nicht frei gemacht hat.

Freiheit, die sich nicht an die Wahrheit hält, verliert die Orientierung, wird zügellos. Wahrheit will frei machen, ist nicht einfach ein Ist-Stand, sondern sie drängt auf Freiheit und damit auf Menschentum und Entfaltung des Menschlichen.

Der Satz ist so groß, daß er nicht einfach Besitz des Christentums ist. Er muß und kann auf das Christentum angewandt werden. Wo es selbst in Hexenprozessen und Folter, in dogmatischer Erstarrung und Sturheit die Freiheit in Gefahr brachte, hat sich der Satz als Botschaft erwiesen, die es noch einzulösen gilt. Und wo die Freiheit zum letzten Maßstab gemacht worden ist, blieb in den ernsthaften Diskussionen und Auseinandersetzungen, in den Revolutionen der Befreiung ein letztes ernstes Ringen um eine Wahrheit, die für alle gültig ist, nicht nur für die Revolutionäre der Befreiung. Das war in der französischen Revolution so. Daran scheiterte die russische und kommunistische Revolution. Das war auch die letzte entscheidende Frage und wird es bleiben in den Auseinandersetzungen der Religionen.

Das Streitgespräch Jesu kommt uns als Echo der jüdisch-christlichen Auseinandersetzung des ersten Jahrhunderts entgegen. Der Streit um Abraham dauert bis heute, was die häßliche und unfrei machende Auseinandersetzung um Hebron zeigt.

Die näselnde Abstinenz eines Pilatus: Was ist Wahrheit?, ist der entgegengesetzte Pol der Verweigerung zu der Witterung der Freiheit, die dieser Satz verspricht. Religion verdummt nicht, Religion macht frei, ist Deutung und Hilfe, ist Ansporn und Stachel für eine heil zu machende und heil zu werdende Welt, in der es menschlich und daher in Freiheit für alle zugeht.

Wahrheit befreit zum Vertrauen …

… weil die Wahrheit letztens von Gottes Zuwendung kündet. Die Beständigkeit seiner Zuwendung läßt Verläßlichkeit aufkommen. Wahrheit gibt es objektiv nicht, ist keine verfügbare Größe für den Menschen. Aber Verläßlichkeit befähigt zur Zuwendung. Und Zuwendung ist eine Form von Liebe zu den Dingen, zu allen Dingen, besonders zum Menschen, in seiner Würde und seiner Freiheit. Ernst Bloch sagt, es gibt die Feuerprobe der Wahrheit, die das Paar in der täglichen Liebe zueinander zu bestehen hat (Prinzip Hoffnung, 1. Band). Den Feuerofen des Glaubens bestehen die drei Jünglinge, weil sie auf Gott setzen, mitten in der Verführung und im Terror eines Geislertyps, der Indoktrination und Knechtung will (Lesung Daniel, Kap. 3). Die Wahrheit des Glaubens bewahrt den Menschen in der Feuerprobe der Anfechtung, weil sie ohne Liebe und Freiheit nicht sein kann. Alle, die mit Gewalt rechthaben wollen, scheitern an einer Wahrheit, die Gott in Jesus Christus an die Liebe gebunden hat.

Herr, mache uns im Glauben treu
und in der Wahrheit frei,
daß unsere Liebe immer neu
der Einheit Zeugnis sei.

(GL 638,5)

GEBET

Oft ist die Wahrheit
unkenntlich
und liegt mitten unter der Lüge
getarnt.
Ihre Sprache findest du
im Schutt zerfallener Sätze,
ihre Wörter
in der Asche verbrannter Lieder.

Gott,
laß uns die rechten Wörter finden,
gib uns die Sprache wieder,
damit der Sinn
wieder in die Sätze findet.
Gib uns eine neue Sprache,
damit der Sinn
wieder und wieder
gesagt werden kann –
und nicht ohne Wörter
über den Türmen
zerflattert.

(Bernhard Lang)

Dieter Müller

Wer glaubt, wird leben

Fünfte Fastenwoche: Donnerstag

BUSSELEMENT

Nur für heute
werde ich in der Gewißheit
glücklich sein,
daß ich für das Glück
geschaffen bin.

Nur für heute
werde ich nicht danach streben,
die anderen zu kritisieren
oder zu verbessern –
nur mich selbst.

Nur für heute
werde ich glauben –
selbst wenn die Umstände
das Gegenteil zeigen sollten –,
daß Gott für mich da ist,
als gäbe es sonst
niemanden in der Welt.

Ich will mich nicht entmutigen lassen
durch den Gedanken,
ich müßte dies alles
mein ganzes Leben lang durchhalten.
Heute ist es mir gegeben.
Das Gute während
zwölf Stunden zu wirken.

(Manfred Frigger)

SCHRIFTTEXT

Joh 8,51–59

PREDIGT

Das Bermudadreieck ist eine geheimnisvolle geographische Größe in der Karibik. In dieser Gegend verschwinden, sagt man, auf unerklärliche Weise immer wieder Flugzeuge und Schiffe.
Das Bermudadreieck des kirchlichen Glaubens ist nicht ganz so leicht auszumachen. Es wird sich irgendwo zwischen Alltagsroutine, Bilderflut und Konsumwarenverstopfung sowie einer diffus schwebenden Quasireligiosität abspielen. In diesem Bermudadreieck verschwinden die Jungen, die rappeln und zappeln in der Überfütterung der Bildschirmmaschine, und ihre Eltern und deren Altersgenossen, die zwischen Arbeitsstreß und Freizeitmanagement die Ersatzrollen ihres Glaubens gefunden haben, auf denen ihre Restereligiosität und die Sehnsucht nach Religiosität zuweilen sanft und dann wieder etwas durchgeschüttelt dahingleiten.
Die Fragen im Evangelium kommen ja nicht von Ungläubigen. Sie haben die Legitimation zu fragen, denn der, der vor ihnen steht, ist wie sie selbst endlich begrenzt und unentrinnbar eingebunden in zeitliche Bedingungen. Die Damaligen berufen sich auf Abraham und die Propheten, die Heutigen haben irgendwann einmal, zwischen Erstkommunion und Konfirmation, die Kirchenbänke gestreift und erfahren nicht mehr, was es für das Zurechtkommen im Leben bedeutet zu glauben.
Nein, Glaube hat nicht unbedingt mit dem Leben zu tun, heißt der gängige Allgemeinplatz. Wer glaubt, kommt mit dem Leben nicht besser zu streich als andere. Glaube verschwindet in einem Bermudadreieck, das viel größer ist als die Karibik. Es scheint überall zu sein.
Wie ja auch das Evangelium den Eindruck vermittelt, als ob einer gegen alle stünde, der Jesus des Glaubens gegen das vergebliche Herzitieren und die Anspruchnahme von »Abraham und den Propheten«. So haben es jene gemacht, ihre Väter, so machens auch diese, heißt es an einer anderen Stelle des Evangeliums. »Da hoben sie Steine auf, um nach ihm zu werfen; Jesus aber verbarg sich und ging aus dem Tempel.« Die Steine bleiben weg, aber er verbirgt sich, und es scheint, er entschwindet auch den Christen unter der Hand. Er geht aus seinem eigenen Tem-

pel hinaus. Die Frage, was bedeutet Ihnen Christus, ist tatsächlich zu einer echten Frage geworden. Wird der von der Kirche geglaubte Christus zum Jesus meines Lebens? Wie wird er in meinem Leben spürbar, sichtbar? Wie werden die Gegner Jesu zu Jüngern? Wie werden wir Glaubende, damit wir leben, und wie leben wir, daß wir wieder glauben können?
In brasilianischen Gemeinden gibt es eine Art, die Bibel zu lesen, die den Glauben ins Leben übersetzt, die den Glauben mit dem Leben verbindet. Das erste ist, man bleibt nicht allein, man kommt zusammen. »Wo zwei oder drei ...« Da steht einer nicht allein, da sind zwei nicht in Gefahr, aus Vorsicht und Scheu lieber gar nichts zu erkennen zu geben. Man denke nur an zwei, die getauft sind und als Mann und Frau zusammenleben, aber nie auf die Idee kommen, miteinander zu beten; bei dreien wird's lebendig. Bei vielen jungen Leuten geschieht das erst, wenn das Kind kommt und religiöses Interesse zeigt. Das Dreieck ist immer auch eine Bewegung. Beziehungen geschehen da von einem zum andern, und der dritte will nicht unbeteiligt bleiben.
Christen Lateinamerikas haben erkannt, das eigene Leben muß vermischt werden mit dem Glauben der Gemeinde und dem gerade gelesenen oder gehörten Text der Bibel. Ein Gegendreieck zum Bermudadreieck entsteht. Es schafft Bezüge. Der Text bleibt nicht Buchstabe, der übliche Glaube nicht leere Hülse, das Leben läuft nicht nebenher. Nichts mehr bricht auseinander. Er, der vor Abraham war, wird mitten in ihrem Leben sichtbar. Er lebt in ihnen, ist lebendig, wenn sie von ihm reden, an ihn denken, und so wird ihr eigenes Leben erfüllter. Sie leben!

FÜRBITTEN

Gott, im Glauben und Suchen aller Menschen nach dir, dem Einen und Einzigen, wächst dein Bund, den du mit Abraham zum Heil aller Menschen begründet und in Jesus Christus vollendet hast. Wir bitten für alle, die in Abraham den »Vater des Glaubens« verehren: für die Gläubigen der drei großen monotheistischen Religionen: der jüdischen Religion, des Christentums und des Islams:

- Damit die Liebe zu Gott alles durchdringt, was sie in der Verehrung trennt.
  (Ewiger Gott, erbarme dich.)
- Damit die Konflikte um heilige Stätten die Ehrfurcht vor der Würde und der Freiheit des andern nicht alles in Frage stellen.
- Damit das Leben aus dem Glauben sich aus Toleranz und Hilfsbereitschaft nährt und nicht aus Haß oder Vorurteil.
- Damit das Werk derer gelinge, die in gemeinsamen Projekten der großen Religionen tätig sind.
- Damit alle, die an der Grenze zwischen Zugehörigkeit und Distanz zu einer Religionsgemeinschaft nach der Wahrheit ihres Lebens fragen und uns, die Gläubigen, an unserer Lebensgestaltung prüfen, nicht ohne Antwort bleiben.

Gott, unser Heil, du willst den Menschen nahe sein in deiner Liebe und Barmherzigkeit. Dich preisen wir durch Christus Jesus, unseren Herrn.

Dieter Müller

Zwischen Institution und Ereignis

Fünfte Fastenwoche: Freitag

BUSSELEMENT

Immer wieder stellen sich die Menschen um Jesus die Frage nach seiner Identität. Können oder wollen sie es nicht begreifen? Sehen sie die Botschaft seiner Worte und Werke nicht? Oder wollen sie ihn in ihren liebgewordenen, gewohnten Begriffen denken? Das könnte zur Folge haben, ihn und das Leben, das er zu schenken vermag, zu verpassen, Wesentliches zu versäumen.
Besinnen wir uns auf unser Leben: Wie fest sind meine Vorstellungen von dem, was das Leben mir bringen, was Gott mir schenken soll?

– *Stille* –

Rufen wir den Herrn Jesus Christus um sein Erbarmen an:

Wenn wir dir und dem Heiligen Geist keinen Raum lassen durch die engen Grenzen unserer Worte, Begriffe, Vorstellungen und Bilder, dann bitten wir:
Herr, erbarme dich.

Wenn wir von der Liebe, die du zu schenken vermagst, nur sprechen und sie nicht spüren lassen, dann bitten wir:
Christus, erbarme dich.

Wenn wir genau zu wissen meinen, was möglich und was unmöglich ist, und damit selbst die Maßstäbe setzen für das, was sein kann oder darf, dann bitten wir:
Herr, erbarme dich.

Unser Herr und Bruder Jesus Christus befreie uns von allen Selbsttäuschungen, er verwandle unser Herz und schenke uns seine Liebe, die keine Grenzen kennt. Amen.

SCHRIFTTEXT

Joh 10,31–42

PREDIGT

Wenn die mir noch einmal über den Weg laufen! – Mit dem bin ich fertig! – Die kann mir gestohlen bleiben! Wo solche Sätze fallen, scheint jedes weitere Wort umsonst, gibt es anscheinend keinen Weg zurück, keinen Weg zueinander mehr. Da sind tiefe Gräben, hohe Mauern und Gefühle so fest wie in Beton gegossen. Selbst Jesus blieben beim Verkünden der »Frohen Botschaft« solche Erfahrungen nicht erspart.
Die Beziehung Jesu zu den religiösen und theologischen Eliten seines Volkes ist, wann immer wir davon hören, von Spannungen geprägt. Hier erreichen sie offenbar einen neuen Höhepunkt. Schon haben die Hüter der Schrift und der Gesetze die Steine in der Hand, um sie gegen Jesus zu erheben. Der Fall ist für sie klar, und so scheinen sie bereit, ihre Steine auch zu werfen. Es geht für sie um Gotteslästerung, und darauf steht der Tod.
Doch wir sehen sie geradezu innehalten, als Jesus das Wort ergreift. Mit ihren eigenen Waffen, dem Hinweis auf ihr Gesetz und die Überlieferung will er sie schlagen, wenn sie schon nicht dem trauen, was seine Werke zeigen. Sollten seine Gegner doch noch zu überzeugen sein und einlenken? Niemals hat Jesus sich als Sohn Gottes bezeichnet. Das wissen die Gegner Jesu ganz genau. Deshalb suchen sie schon seit langem nach einer Gelegenheit, ihn festzunageln. Sie spüren seine Wirkung bei den Menschen und fürchten zu Recht um Machtverlust. Sie haben ein feines Gespür – jedoch nicht für Gottes Anruf, sondern für ihre eigene Sache.
Aber Jesus hat keine Chance. Mit jedem Wort, das er spricht, ballen sich die Fäuste der Ankläger fester um ihre Steine in den Händen. Hier stehen Männer, die entschlossen sind, Jesus zu vernichten, bevor sie ihn gehört und verstanden haben. Egal was er auch sagt, er ist schon gerichtet, sie haben die Abrechnung schon gemacht.
Wenn die religiösen Führer nicht einmal auf Grund seiner Werke Jesus glauben wollen und nicht annehmen können, daß dieser der Sohn Gottes, frohe und freimachende Botschaft Gottes ist – wie sollten sie dann jetzt seinen Erklärungsversuchen glauben?
Was geht hier vor sich? Welches Spiel wird hier eigentlich gespielt? Zunächst etwas ganz Alltägliches. Menschen kommen

nicht zueinander, obwohl sie äußerlich gar nicht viel trennt: Geschlecht, Nation, Religion und Rasse sind identisch. Sie haben dieselben ethnischen und religiösen Wurzeln, haben denselben politischen Gegner, die römische Besatzungsmacht.
Das kennen wir: Mitunter tun wir uns am schwersten mit denen, die uns nahe stehen. Von ihnen erwarten wir gleiche Gesinnungen und Meinungen. Im Konflikt, in den Jesus immer wieder gerät, geht es aber um mehr: Es geht um das Aufeinanderprallen von Institution und Ereignis.
Für die Institution stehen hier die religiösen Führer und Wortführer, die als Gralshüter einer Ordnung auftreten, die das Leben bisweilen pervertiert: Heilen ja, aber bitte nicht am Sabbat! heißt ein bekannter Streitpunkt. Institutionen mit ihren Vorschriften und Hierarchien stehen stets in der Gefahr, träge und zäh zu sein und das Ziel bisweilen aus den Augen zu verlieren.
Jesus steht für das Ereignis: durch ihn kommen viele zum Glauben, er bringt viele in Bewegung, neu anzufangen, sich zu versöhnen, umzukehren. Viele heilt er von innen heraus durch seine Zuwendung und seinen Zuspruch. Damit verunsichert er. Wie damit umgehen? Und obwohl all das in den alten Schriften angedeutet wird als Zeichen für den Heiland und Retter der Welt, verstehen sie seine Botschaft nicht.
Auch die Kirche in unseren Tagen ist eine Institution. In allen ihren Gliedern muß sie deshalb die Balance halten zwischen der Notwendigkeit, als große Gemeinschaft auch Institution zu sein, und gemäß dem Anspruch Jesu und des Evangeliums, dennoch und in erster Linie Ereignis zu sein. In Gottesdienst, Gemeinschaft und Begegnung, in allen Lebensäußerungen der Kirche sollte sich deshalb auch die froh- und freimachende, gläubig hoffende und solidarisch spürbare Liebe Gottes zeigen.
Die Balance zwischen beidem – Institution und Ereignis – zu finden und zu halten, ist eine Aufgabe, die Phantasie, Bereitschaft zur Veränderung und im Bereich der Kirche vor allem Gottvertrauen braucht.
Der Austausch zwischen Basis und Führung in der Kirche darf nicht abbrechen. Immer wieder müssen wir alle uns fragen: Was kann ich dazu beitragen, daß in unserer Kirche eine angst- und sorgenfreie Atmosphäre wachsen kann?

»Wenn wir ihn gewähren lassen, werden alle an ihn glauben« (Joh 11,48). Für die Gegner Jesu war es eine Einsicht, die bedrohlich für sie war, für uns aber sollte dieser Satz Programm sein: Ihn gewähren lassen und ihm Raum schaffen. Das könnte die Erfahrung ungeahnter Möglichkeiten und Ereignisse nach sich ziehen.

GEBET

Der Gott des neuen Anfangs

Herr, unser Gott,
wir preisen dich,
weil dein Wort immerfort neu ist.
Jahrhunderte schon ist es unter uns
und bleibt doch jung in alle Ewigkeit.
Warum nur werden unsere Herzen alt?

Gieße unseren Herzen deinen Geist ein.
Gib, daß dein Wort für uns ein Fest sei.
Schenke uns Jesus Christus,
das Wort, das niemals altert,
Herr des gegebenen und gehaltenen Wortes,
gestern, heute und morgen.

(Pierre Griolet)

Johannes Nieß

Einer für alle

Fünfte Fastenwoche: Samstag

BUSSELEMENT

Es gibt Tage, an denen wir schwer tragen an unserem Leben. Dann spüren wir nicht, daß du unsere Last mitträgst, ja daß du sie uns abnehmen willst. Deshalb rufen wir dich an:

Zeige dich uns, wenn das eigene Herz uns verurteilt.
Herr, erbarme dich.

Laß uns gerade dann von neuem spüren, daß deine Liebe uns freundlich aufnimmt.
Christus, erbarme dich.

Schenk uns ein Herz, das nach dir sucht und dich erkennt.
Herr, erbarme dich.

Der gute und treue Gott erbarme sich unser. Er berühre uns mit seiner Liebe und führe uns zum Leben in Fülle.

SCHRIFTTEXT

Joh 11,45–57

PREDIGT

Das Evangelium heute gibt uns einen seltenen Einblick in die göttliche Vorsehung. Das ist ja ein schwieriges Thema: Gibt es eine Vorsehung? Gibt es einen Plan für mein Leben? Viele fürchten dabei um ihre Freiheit, andere fühlen sich geborgen mit dieser Vorstellung. Hier im Johannesevangelium geht es um das Leben Jesu, um seine Bestimmung, seinen Auftrag und sein Leben. Kraft seines hohepriesterlichen Amtes, so drückt der Evangelist sich aus, kann der Hohepriester Kajaphas prohetisch sprechen. Also nicht aus sich heraus, das betont Johannes, sondern »weil er der Hohepriester jenes Jahres war«, sagt Kajaphas, es sei besser, wenn ein einziger Mensch für das Volk stirbt, als wenn das ganze Volk zugrunde geht.

Was damit eigentlich gemeint ist, fügt der Evangelist hinzu: Jesus ist der Messias. Denn der stirbt nicht nur für das Volk, sondern um alle versprengten Kinder Gottes wieder zu sammeln.
Wäre dem nicht so, wäre Jesus nicht *der eine für alle,* der Sohn Gottes, gestorben und hingegeben für die vielen, dann könnten wir heute keine wirkliche Hoffnung auf ein Leben in Fülle haben.
Jesus, das ist tatsächlich der Bruder aller Menschen.
Jesus, das ist der eine für die vielen.
Jesus, ist *einer für alle.*
Es gab vor vielen Jahren einmal einen Schlager auf den »König Fußball«, in dem bekannte Kicker der Nation sangen: »Einer für alle, alle für einen ...« Und damit beschworen sie im Lied die einmütig kämpfende und also gemeinsam siegreiche Fußballertruppe – ein Ideal. Sollte es damals je gestimmt haben, gilt es heute gewiß nicht mehr. Nicht nur im bezahlten Fußball sucht heute jeder seinen größtmöglichen eigenen Vorteil.
Einer für alle, alle für einen, das hat auch in den atheistischen Gesellschaften kommunistischer Spielart praktisch nie gestimmt und schließlich rasant zu deren Zusammenbruch geführt. Es war eben doch ein Märchen, daß alles allen und damit auch dem einzelnen gehören sollte. Da waren nicht wenige, die doch eher an sich und weniger für andere gedacht hatten.
Geht das also überhaupt: Einer für alle *(und),* alle für einen?
Jesus war so einer – *einer für alle.* Und er war und ist es auch dann, wenn die vielen, vor allem, wenn wir, die Seinen, es nicht so ernst nehmen mit dem Umkehrschluß: »alle für einen«. Somit ist Jesus auch einer für mich: gestorben und auferstanden für mich, Licht damals und auch für mich heute, Hoffnung für mich im Hier und Jetzt. Weil er eingewilligt hat in den ewigen Willen des Vaters, konnte er zum Grund der Erlösung des Menschen werden.
Jesus sollte nach dem Willen des Vaters sterben, um die versprengten Kinder Gottes zu sammeln. Kinder Gottes, das sind wir alle, die wir wie Abraham den Weg des Vertrauens auf Gott zu gehen versuchen, alle, die wie er einer großen Verheißung folgen.
Als Kind Gottes darf sich jeder und jede von uns begreifen.
Jesus konnte seinen Weg gehen. Er konnte seiner Bestimmung, *einer für alle* zu sein, nachkommen, weil er eins war mit dem Va-

ter. Und indem seine Bestimmung hier auf dem Weg nach Jerusalem an Schärfe gewinnt, können wir etwas von dem Plan erahnen, den Gott mit uns Menschen hat. Der Plan heißt »Leben in Fülle«. Er würde für den einzelnen immer mehr Wirklichkeit werden, wenn möglichst oft spürbar wäre, daß es auch den Umkehrschluß gibt: »alle für einen!«

GEBET

Unnützes Gepäck

Erleuchte unsere Herzen, Herr!
Befreie uns von all dem kleinen Gepäck,
das wir albernerweise mit uns tragen:
unsere Wahrheit, die nur wir selber glauben,
unsere Gründe, die nur für uns gute Gründe sind,
unser Haß, der uns gerechtfertigt erscheint,
unsere Gedankenlosigkeit, die unser Leben
scheinbar leichter macht.

Erleuchte unsere Herzen, Herr!
Mach uns arm,
aber nicht nach unserem Maßstab,
sondern arm wie den, der alles
über die Menschen wußte und unseren Alltag
kennenlernen wollte, um sich in diesem
Alltag zu offenbaren: Jesus Christus,
Sohn Gottes, Menschenbruder,
der mit dir und dem Geist lebt.

(Pierre Griolet)

Johannes Nieß

Ein provozierender Duft

Karwoche: Montag

BUSSELEMENT

Unser Leben spielt sich zwischen Palmsonntag und Karfreitag ab.
Heute Jubel, morgen Verzweiflung.
Heute Liebe, morgen Haß.
Heute Treue, morgen Verrat.

Stille, dann: GL 168,1 »O Herr, nimm unsre Schuld«

Zwischen »Hosianna« und »Kreuzige ihn« spielt sich unser Leben ab.
Heute Lob, morgen Tadel.
Heute Sicherheit, morgen Verzweiflung.
Heute Freundschaft, morgen Verachtung.

Stille, dann: GL 168,2

Zwischen Freude und Leid spielt sich unser Leben ab.
Heute fest im Glauben, morgen verzweifelt.
Heute gütig, morgen verbittert.
Heute alles, morgen nichts.

Stille, dann: GL 168,3

Zwischen Passion und Auferstehung spielt sich unser Leben ab.
Heute grausam, morgen zärtlich.
Heute verwirrt, morgen entschlossen.
Heute bankrott, morgen erfolgreich.

Stille, dann: GL 168,4

SCHRIFTTEXT

Joh 12,1–11

PREDIGT

Vor einem rabenschwarzen Hintergrund wird uns im heutigen Evangelium von einer sanften, schönen Begegnung erzählt. Nach

dem Bericht über den Beschluß des Hohen Rates, Jesus töten zu lassen, erscheint die Geschichte von der Salbung in Betanien wie die Erzählung von der Ruhe vor dem Sturm.
Jesus ist wieder einmal zu Gast bei Maria, Marta und Lazarus. Hier hat er sich immer wohl gefühlt. Und auch jetzt tun die drei Geschwister alles, um ihm einen angenehmen Aufenthalt zu ermöglichen. Sie wissen vom Tötungsbeschluß in Jerusalem. Sie ahnen, daß Jesus nicht ausweichen, nicht fliehen wird. Sie spüren, daß die Jünger verängstigt sind und der Wahrheit nicht ins Auge sehen wollen. Vielleicht hat Maria besonders die Einsamkeit Jesu gespürt. Sie jedenfalls tut mehr als ihre Pflicht als Gastgeberin. Einem Gast die Füße zu salben, galt als besondere Wohltat und Erfrischung. Doch Maria verwendet für die Salbung kostbares Nardenöl in verschwenderischem Maß.
Kein Wunder, daß Judas eingreift und die Verschwendung kritisiert. Aber es ist kein Zufall, daß gerade er eingreift. Maria und Judas werden offensichtlich zu Gegnern. Die beiden stehen für zwei ganz widersprüchliche Haltungen in einer extremen Situation: Angesichts des nahen Todes Jesu vertritt Judas die Position des Unglaubens. Er sieht nur das Scheitern Jesu, das schmähliche Ende am Kreuz, die gescheiterte Revolution. Er wendet sich ab. Er schließt sich mit den Gegnern Jesu zusammen, um vielleicht noch etwas retten zu können. Doch seine Hoffnung auf Jesus ist enttäuscht, sein Zweifel nimmt überhand. Er wird zum Verräter. Maria dagegen vertraut im Blick auf das Kreuz erst recht auf Jesus. Sie wendet sich ihm um so mehr zu. Und wenn sie Jesus nicht nur wie einen gern gesehenen Gast behandelt, sondern wie einen König salbt, dann will sie damit deutlich machen: Was auch immer geschieht, ich stehe zu dir. Ich glaube fest und vertraue darauf, daß du der Gesandte, ja der Gesalbte Gottes bist. Jeder Zweifel ist beseitigt. Maria wird zur Bekennerin und zur Zeugin. Sie ist zur Nachfolge bis zum Kreuz bereit.
Die Salbung in Betanien ist eine Provokation. Wie kann eine Frau Jesus so nahe kommen? Wie kann es sein, daß sie ihm wortlos viel näher ist als die Jünger? Wie kann es sein, daß sie wie ein Prophet im Alten Bund handelt, indem sie Jesus zum König salbt? Mehr noch: Auch Jesus provoziert durch sein Verhalten. Denn ganz offensichtlich wehrt sich Jesus nicht. Er ist offen für

das, was Maria für ihn tut. Er verteidigt ihr Tun. Er läßt sich beschenken, ermutigen und trösten.
Doch die Salbung ist nicht nur ein Geschehen zwischen Maria und Jesus. Ein kleiner Satz macht uns darauf aufmerksam. Es heißt im heutigen Evangelium: »Das Haus wurde vom Duft des Öls erfüllt.« Ganz sicher war die Stimmung danach eine andere. Der intensive Duft des wertvollen Öls verflüchtigte sich nicht so schnell. Für alle, die im Haus waren, mußte dieser Duft wie eine bleibende Frage sein: Wo stehe ich in dieser Situation? Gehe ich mit Jesus zum Kreuz, oder ziehe ich mich zurück?
In den fast zweitausend Jahren, die seit dem Geschehen in Betanien vergangen sind, hat sich der Duft des Nardenöls verflüchtigt. Doch die Erzählung davon will bis heute provozieren: Es gibt verschiedene Möglichkeiten, in extremen Situationen zu reagieren: die Haltung der Jünger, die wie gelähmt sind, die Haltung des Judas, der den Freund verrät, die des Petrus, der ihn verleugnet – und die Haltung der Maria, die ohne Rücksicht auf die feindselige Umgebung ihre Zuneigung und Treue überschwenglich ausdrückt. Und wie verhalten wir uns?

GEBET

Manchmal sind unsere Hände zu Fäusten geballt, sie wehren ab, sie können schlagen und verletzen.
Manchmal sind unsere Hände in den Taschen vergraben, vor Kälte und Wind geschützt, doch unerreichbar.
Manchmal strecken wir unsere Hände aus, um andere zu stärken, zu stützen und aufzurichten.
Manchmal öffnen wir unsere Hände, um jemanden zu berühren, zu streicheln, ganz sanft zu ermutigen.
Manchmal öffnen wir unsere Hände, um Jesus zu empfangen, damit er uns stärkt und heilt.
Heute, Gott, strecken wir unsere Hände aus nach dir, um zu bitten.
Heute öffnen wir unsere Hände, um uns von dir beschenken zu lassen.
Heute beten wir zu dir, unserem Gott und Herrn. Amen.

Cäcilia Riedißer

Ihr werdet mich suchen

Karwoche: Dienstag

BUSSELEMENT

Christen nennen wir uns
und möchten es sein
mitten in dieser Welt.
Doch wer erkennt das schon?
Wir selbst?
Die uns erleben?
Die mit uns zu tun bekommen?
Was wird an mir deutlich?
GL 523,1 »Du rufst uns, Herr«

Christen nennen wir uns
und suchen ihn: Christus, wo bist du?
und rufen ihn an: Christus, höre uns!
Doch wer findet ihn?
Ich?
Der neben mir?
Die vor mir?
Wo ist er?
GL 523,2

Christen nennen wir uns
und sind es noch irgendwie
gehören noch dazu.
Doch was heißt das?
Heute in meiner Familie?
Morgen in der Schule, am Arbeitsplatz?
Tagtäglich, wenn einer mir krumm kommt?
Wie begegne ich anderen?
GL 523,3

SCHRIFTTEXT

Joh 13,31–35

PREDIGT

Jesus ist unter den Seinen. Er wendet sich nicht mehr, wie in den ersten zwölf Kapiteln des Evangeliums, an die Außenstehenden, an »die Welt«, wie Johannes sagt, sondern an diejenigen, die zum Glauben an ihn gefunden haben, an Glaubende, wie wir es sind.

»Nur noch kurze Zeit« (Joh 13,33) ...

... wird Jesus bei den Seinen sein, dann werden sie ihn suchen, ihre Mitte. Freilich steht das Weggehen Jesu für den Evangelisten im Horizont der Auferstehung. Jesus geht im Vertrauen auf Gott, den Vater, auf Kreuz und Leiden zu. Und durch Kreuz und Tod hindurch »wird Gott ihn verherrlichen«: Er geht zum Vater, darauf vertrauen die Seinen. Doch mit der Gewißheit seines »Wohin« bleibt die Frage der Gemeinde, ob und wie sie denn ihre Mitte behalte, ob und wie sie denn hier in der Welt mit Jesus verbunden bleibe. Auch wenn Jesus zum Vater geht, so brauchen wir ihn doch weiter bei uns, ihn, die Mitte unseres Glaubens. Wir können doch gar nicht Gemeinde Jesu sein ohne ihn. Wir hören auf, Christen zu sein, ohne Christus. Wenn man die Nabe aus dem Rad herausnimmt, die Mitte, um die sich alles dreht, das Zentrum, auf das die Kräfte alle zulaufen, bricht alles zusammen.

Wenn uns das klar geworden ist ...

... dann bekommt das »neue Gebot« der Liebe sein volles Gewicht: »Liebt einander!« (Joh 13,34). Eine und einer den anderen. Das ist im Johannesevangelium das erste und wichtigste Vermächtnis Jesu für seine Jünger. »Wie ich euch geliebt habe, so sollt auch ihr einander lieben« (Joh 13,34). Und er hatte dieses »wie ich euch geliebt habe« mit der Fußwaschung ganz konkret ins Zeichen gebracht: »Wenn ich ... euch die Füße gewaschen habe, ... habe ich euch ein Beispiel gegeben, damit auch ihr so handelt, wie ich an euch gehandelt habe« (Joh 13,14–15).
Das ist zugleich die Antwort auf die Frage, ob und wie Jesus unter uns, in unserer Mitte bleibe: Wer dieses Gebot hält, wer liebt wie er, dem ist verheißen, »auch ich werde ihn lieben und mich

ihm offenbaren« (Joh 14,21). Wer wie er im Zeichen der Fußwaschung liebt, wer sich bückt zugunsten des anderen, zu dem wird Jesus »kommen und bei ihm wohnen« (Joh 14,23). Daran entscheidet sich die Gegenwart Jesu für seine Gemeinde, an diesem »Liebt einander!« Nicht umsonst wurde die Fußwaschung im Mittelalter als Sakrament angesehen, ein wirksames Zeichen der Begegnung Jesu Christi.

Sein Leben, sein Herz öffnen für den anderen: ...

... nicht mit Wort und Zunge, sondern in Tat und Wahrheit lieben (1 Joh 3,14–18), das bedeutet Gegenwart des Herrn! Wo mühsam nachgehende oder treu wartende Liebe geschieht, wo ein Mensch sich in die Not eines anderen bückt und ihn in seiner Not ernst nimmt, wo trotz Unverständnis geduldig am Guten und hoffnungsvoll am Offenen eines anderen festgehalten wird, wo durch wildes Sich-Reiben und Aufbegehren hindurch das Du des anderen wahrgenommen wird, da ist der Herr gegenwärtig! Ob solche Liebe zwischen Eltern und ihren Kindern lebendig ist, ob sie von Gesunden gegenüber Verletzten, Kranken oder Behinderten lebendig wird, ob sie sich von Besitzenden gegenüber Zukurzgekommenen, Flüchtlingen oder Fremden ereignet oder einfach zwischen mir und dem, der mich gerade braucht: Wenn wir bei Jesu Liebe bleiben, bleiben wir bei ihm, und er bleibt bei uns, lebendig, gegenwärtig. Glauben und Lieben, Lieben und Glauben, das durchdringt, nährt und hält sich gegenseitig am Leben.
Vielleicht liegt darin der Grund, warum wir unser Leben oft so leer empfinden, so gottlos. Vielleicht fehlt dieses Einer-den-anderen-Lieben. Und vielleicht fehlt uns mit dieser Liebe, die das eigene Leben mit dem des anderen verknüpft, auch die Brücke, auf der uns die lebendige Gegenwart Jesu im Mahl der Eucharistie erst spürbar erreichen kann. Das Johannesevangelium erzählt ja statt der Einsetzung des Abendmahls betont die Fußwaschung.

Doch das ist nur die eine Seite dieses neuen Gebotes Jesu

Die andere Seite ist: »Daran werden alle erkennen, daß ihr meine Jünger seid, wenn ihr einander liebt« (Joh 13,35). Durch die ge-

genseitige Liebe, mit der die Jünger das Beispiel Jesu weiterleben, werden sie ein für alle sichtbares Zeichen. Durch die weitergelebte Liebe machen sie Jesus sichtbar, sind sie ganz konkrete, ansteckende Jesus-Offenbarung für die Welt.

Diese beiden Seiten so klar im Johannesevangelium zu sehen ...

... ist Freude und Schmerz zugleich: Jesus wohnt bei den Seinen, das läßt aufatmen. Gleichzeitig schmerzt es aber, wenn wir unsere Kirche und unsere Gemeinden anschauen. Bei Johannes gehören Glauben und Lieben innerlich zusammen. Wie sehr wurden und werden sie bei uns immer wieder auseinandergerissen. Aus lebendigem Glauben wird ein isoliertes Festhalten von wahren Sätzen, die leblos wirken. Statt Bleiben in der Liebe: Festhalten an Positionen, Ausspielen von Macht, Recht-haben-Wollen, Aufrechnen, Bekämpfen, Verurteilen, Heimzahlen, Links-liegen-Lassen. Die Liebe wird zwar vorrangig verkündet, wird aber schnell zweitrangig, wenn Macht und Geld ins Spiel kommen. Sie wird dann nur noch vom anderen erwartet oder in den Bereich des Privatlebens abgedrängt.
In unserem Evangelium hat jedoch die Liebe unbedingten Vorrang. »Daran werden alle erkennen, daß ihr meine Jünger seid, nicht wenn ihr Teufel austreibt, sondern wenn ihr Liebe zueinander habt«, schreibt Johannes Chrysostomos (Matthäus-Kommentar 32,7–8).
Uns allen möchte das Johannesevangelium das Herz öffnen: Im Einander-Lieben, wie er geliebt hat, liegt das Geschenk der Gegenwart des lebendigen Christus.
Uns alle konfrontiert es aber auch damit, welches Geschenk und welche missionarische Kraft wir aufs Spiel setzen, wenn wir Jesu Liebe nicht auf allen Ebenen und in allen Strukturen versuchen und statt dessen auf Macht und Herrschaft setzen. »Wer nicht liebt, hat Gott nicht erkannt« (1 Joh 4,8).

GEBET

Gott,
wir danken dir, du hast uns

mit deinem Namen bezeichnet,
für immer ist dein Evangelium gekommen.
Jesus, der Menschensohn, hat es gelebt,
ungetrübt und von Herzen –
dein Wort, das durch den Tod hindurchging,
kann nicht mehr sterben,
eine Spur des Lichtes ist es
bis in die ferne Zukunft.
Wir bitten dich,
daß wir nicht ängstlich und scheu zurückbleiben,
daß wir die neuen Möglichkeiten sehen,
die du uns gibst,
um unbefangen Mensch zu sein
in diesen Tagen der Geschichte,
um immer stärker Mensch zu werden;
daß wir bewohnbar machen,
was heute leer und unbewohnbar ist,
daß wir mit Sinn und Fruchtbarkeit erfüllen,
was heute sinnlos und unmenschlich ist,
und daß wir eine neue Welt gestalten,
in der die Liebe wohnt.

(Huub Osterhuis)

Clemens Stroppel

Verratene Freundschaft

Karwoche: Mittwoch

BUSSELEMENT

Sie waren Freunde, Jesus und Judas. Judas erwartete viel von Jesus: Er sollte die ganze Welt verändern.
Was erwarten wir von unseren Freunden?

Stille, dann GL 358,3 »Herr erbarme dich«

Sie waren Freunde, Jesus und Judas. Doch der eine verriet den anderen an die Mächtigen. Er verkaufte ihn und ihre Freundschaft für dreißig Silberlinge.
Wie gehen wir um mit Enttäuschungen?

Stille, dann: GL 358,3 »Herr, erbarme dich«

Sie waren Freunde, Jesus und Judas. Judas konnte mit seiner Schuld nicht mehr leben. Doch Jesus sagte immer noch »mein Freund« zu ihm.
Können wir auf die grenzenlose Treue Gottes vertrauen?

Stille, dann: GL 358,3 »Herr, erbarme dich«

SCHRIFTTEXT

Mt 26,14–25

PREDIGT

Er war ein junger Mann. Er lebte in der Gegend um Galiläa vor rund 2000 Jahren. Sein Name war – Judas. Judas Iskariot. Einer aus dem Kreis der zwölf Jünger. Schlüsselfigur im Drama einer Leidensgeschichte. Wenn er jetzt hier vor uns stünde, würde er uns vielleicht folgendes sagen:
Freunde waren wir, Jesus und ich. Viel haben wir zusammen erlebt. Ich war vielleicht einer der eifrigsten Jünger, denn ich war ein glühender Verehrer der Person und der Sache Jesu. Meine Erwartungen an ihn stiegen ins Unermeßliche. Der große Wundertäter sollte endlich die gewaltsame Revolution bringen, die radi-

kale Befreiung, eine nicht mehr umkehrbare Neuordnung. In Jerusalem dann erkannte ich, daß ich mich getäuscht hatte. Da ließ er sich von dieser Frau in Betanien salben und spielte das Opferlamm – dabei hatte ihm noch kurz zuvor die Masse zugejubelt. Sie wollten ihn zu ihrem König machen. Aber er lehnte Macht und Ansehen rundweg ab. Ständig redete er vom Dienen und vom »Willen des Vaters«, den er zu erfüllen habe. Er machte sich doch lächerlich! Und uns dazu!
Ich wollte ihn herausfordern und zum Handeln zwingen. Wenn ihn die Führenden anklagen würden, dann könnte er endlich zeigen, wer er wirklich ist. Dann mußte es zu einer Entscheidung und zur Revolution kommen. Dann mußte das schöne Reden sich in Taten bewähren. Dachte ich. Und deshalb habe ich ihn verraten. Für dreißig Silberlinge habe ich ihn verkauft. Mit einem Kuß habe ich ihn ausgeliefert.
Doch ich hatte mich dabei erst richtig getäuscht. Schon am Abend, beim letzten gemeinsamen Mahl, hätte ich es kapieren müssen. Da machte er so eine Bemerkung, daß allen klar war, daß ich Dreck am Stecken hatte. Er wich mir nicht aus. Und er ließ auch mich nicht entwischen. Ich mußte mich stellen, denn er sagte mir auf den Kopf zu, daß ich ihn verraten würde. Doch da war ich noch felsenfest davon überzeugt, das Richtige zu tun. Erst als die Hohenpriester das Todesurteil fällten, gingen mir die Augen auf; als allen klar war, wie es enden würde, nämlich am Kreuz. Doch da war es zu spät. Ich konnte meine Schuld nicht wieder gut machen. Ich konnte nichts rückgängig machen. Ich war verloren. Und das Schlimmste war: Als ich ihn mit einem Kuß verraten habe, hat er immer noch »mein Freund« zu mir gesagt. Und es ehrlich gemeint. Darüber kam ich nicht hinweg, das machte mich wahnsinnig. Damit konnte ich nicht leben. So habe ich alles verloren: meinen besten Freund, die Gemeinschaft mit den anderen Jüngern und mein eigenes Leben.
Doch ich konnte wohl nur auf diesem schwierigen Weg erkennen: Das Reich Gottes kann nicht mit Gewalt durchgesetzt werden. Es entsteht nicht durch eine große Revolution. Das Reich Gottes ist vielmehr da, wo Jesus ist.
Und noch etwas verstehe ich jetzt: Gottes Freundschaft ist unverbrüchlich. Er ist unendlich treu – auch über den Tod hinaus.

FÜRBITTEN

Gott, unser Vater, du kennst unsere Fehler und Schwächen. Zu dir rufen wir um Hilfe und Beistand, um Stärke und Erbarmen:

- Für alle, die an Jesus und seiner Kirche irre geworden sind und sie verraten haben.
- Für alle, die menschliche Freundschaft mißbraucht und mit Füßen getreten haben.
- Für alle, die eine Entscheidung getroffen haben und mit den Konsequenzen daraus nicht leben können.
- Für alle, die meinen, mit Geld sei alles machbar.
- Für alle, die im Selbstmord den letzten Ausweg sehen.

Gott, unser Vater, führe uns auf dem Weg vom Palmsonntag durch die Passion zur Auferstehung. Laß du uns nicht allein. Darum bitten wir durch Jesus Christus, unseren Bruder und Herrn. Amen.

Cäcilia Riedißer

VERWENDETE SCHRIFTTEXTE

Textnachweis

(Bei einigen Texten konnten wir keine Quellen bzw. Rechtsinhaber ausfindig machen. Für Hinweise sind Herausgeberin und Verlag dankbar.)

S. 20f:	Else Lasker-Schüler, Gedichte 1902–1943, © Suhrkamp-Verlag, Frankfurt a. M. 1996
S. 34:	Romano Guardini, Theologische Gebete, Verlag Josef Knecht, ^{8}1985, © Katholische Akademie Bayern, München
S. 38:	Karl Rahner, Gebete des Lebens, © Verlag Herder, Freiburg, Neuausgabe ^{2}1995
S. 74:	Christa Peikert-Flaspöhler, Stellenangebot, © Lahn-Verlag, Limburg
S. 78f:	Huub Osterhuis, Mitten unter uns, © Verlag Herder, Freiburg 1982
S. 85:	Kurt Marti, Werkauswahl in fünf Bänden, aus: Namenszug mit Mond. Gedichte, © 1996, Verlag Nagel & Kimche AG, Zürich/Frauenfeld
S. 97f:	Christine Busta, Der Himmel im Kastanienbaum, © Otto-Müller-Verlag, Salzburg 1989
S. 138:	Waltraud Herbstrith, in: Gertrud Widmann (Hrsg.), Die Bilder der Bibel von Sieger Köder. Erschließende und meditative Texte, © Schwabenverlag, Ostfildern ^{2}1996
S. 145f:	Christa Peikert-Flaspöhler, Unsere Hoffnung wirft das Netz aus, © Verlag Himmerod-Drucke, Himmerod 1987
S. 162f:	Bernhard Lang, © by the author
S. 164:	Manfred Frigger, Zeit für mich – Zeit für Gott, © Verlag Herder, Freiburg ^{7}1995
S. 171:	Pierre Griolet, Zu jeder Zeit, © Patmos Verlag, Düsseldorf 1974
S. 174:	Pierre Griolet, op. cit.
S. 181f:	Huub Osterhuis, Du bist der Atem und die Glut, © Verlag Herder, Freiburg ^{4}1996

MITARBEITERINNEN UND MITARBEITER

Rainer Bareis
Theologe, Mouresi

Anton Bauer
Pfarrer, Stuttgart

Uwe Bögershausen
Pastoralreferent
Zwiefalten

Christiane Bundschuh-Schramm
Referentin, Rottenburg

Angelika Daiker
Pastoralreferentin, Stuttgart

Heribert Feifel
Pfarrer, Stuttgart

Werner Groß
Domkapitular, Rottenburg

Winfried Häberle
Pfarrer, Esslingen

Franz Keil
Pfarrer, Esslingen

Thomas Keller
Pfarrer, Ulm

Suse Mandl
Pastoralreferentin, Horb

Iris Mandl-Schmidt
Pastoralreferentin
Schelklingen

Dieter Müller
Pfarrer, Stuttgart

Johannes Nieß
Pastoralreferent, Stuttgart

Cäcilia Riedißer
Pastoralreferentin
Renningen

Michael Schneider
Pfarrer, Tübingen-Bühl

Anton Seeberger
Pfarrer, Rottweil

Sr. M. Benedikta Ströle OSB
Kellenried

Clemens Stroppel
Tübingen

Wolfgang Tripp
Pfarrer, Esslingen